Christoph Martin Wieland

Sämmtliche Werke

Oberon - Teil 1

Christoph Martin Wieland

Sämmtliche Werke
Oberon - Teil 1

ISBN/EAN: 9783743691780

Hergestellt in Europa, USA, Kanada, Australien, Japan

Cover: Foto ©ninafisch / pixelio.de

Weitere Bücher finden Sie auf **www.hansebooks.com**

C. M. WIELANDS

SÄMMTLICHE WERKE

ZWEY UND ZWANZIGSTER BAND.

OBERON

ERSTER THEIL.

LEIPZIG

BEY GEORG JOACHIM GÖSCHEN. 1796.

O B E R O N.

EIN ROMANTISCHES HELDENGEDICHT

IN ZWÖLF GESÄNGEN.

ERSTER THEIL.

LEIPZIG

BEY GEORG JOACHIM GÖSCHEN. 1796.

OBERON.

EIN ROMANTISCHES HELDENGEDICHT
IN ZWÖLF GESÄNGEN.

An den Leser.

_____

Die Romanzen und Ritterbücher, womit Spanien und Frankreich im zwölften, dreyzehnten und vierzehnten Jahrhundert ganz Europa so reichlich versehen haben, sind, eben so wie die fabelhafte Götter - und Heldengeschichte der Morgenländer und der Griechen, eine Fundgrube von poetischem Stoffe, welche, selbst nach allem was Bojardo, Ariost, Tasso, Allemanni, und andere daraus gezogen haben, noch lange für unerschöpflich angesehen werden kann.

Ein grofser Theil der Materialien zu ge-
genwärtigem Gedichte, besonders dessen was
man in der Kunstsprache die F a b e l nennt,
ist aus dem alten Ritterbuche von *Huon
de Bordeaux* genommen, welches durch
einen der *Bibliotheque Universelle des
Romans* einverleibten freyen Auszug, aus
der Feder des verstorbenen G r a f e n v o n
T r e s s a n, allgemein bekannt ist. Aber
der O b e r o n, der in diesem alten Rit-
terromane die Rolle des *D e u s e x m a-
c h i n a* spielt, und der O b e r o n, der dem
gegenwärtigen Gedichte seinen Nahmen gegeben, sind zwey sehr verschiedne Wesen.
J e n e r ist eine seltsame Art von S p u k,
ein Mittelding von Mensch und Kobold, der
Sohn J u l i u s C ä s a r s und einer Fee, der
durch eine sonderbare Bezauberung in einen
Zwerg verwandelt ist; der m e i n i g e ist mit
dem O b e r o n, welcher in C h a u c e r s
Merchant's - Tale und S h a k s p e a r e s *Mid-*

summer-Nigth's-Dream als ein Feen- oder Elfenkönig (*King of Fayries*), erscheint, eine und eben dieselbe Person; und die Art, wie die Geschichte seines Zwistes mit seiner Gemahlin Titania, in die Geschichte Hüons und Rezia's eingewebt worden, scheint mir (mit Erlaubniß der Kunstrichter) die eigenthümlichste Schönheit des Plans und der Komposizion dieses Gedichtes zu seyn.

In der That ist Oberon nicht nur aus zwey, sondern, wenn man es genau nehmen will, aus drey Haupthandlungen zusammen gesetzt: nehmlich, aus dem Abenteuer, welches Hüon auf Befehl des Kaisers zu bestehen übernommen, der Geschichte seiner Liebesverbindung mit Rezia, und der Wiederaussöhnung der Titania mit Oberon: aber diese drey Handlungen oder Fabeln sind dergestalt in Einen Hauptknoten ver-

schlungen, dafs keine ohne die andere bestehen oder einen glücklichen Ausgang gewinnen konnte. Ohne Oberons Beystand würde
Hüon Kaiser Karls Auftrag unmöglich haben
ausführen können: ohne seine Liebe zu Rezia, und ohne die Hoffnung, welche Oberon
auf die Treue und Standhaftigkeit der beiden Liebenden, als Werkzeugen seiner eignen Wiedervereinigung mit T i t a n i a , grün-
dete, würde dieser Geisterfürst keine Ursa-
che gehabt haben, einen so innigen Antheil
an ihren Schicksalen zu nehmen. Aus dieser auf wechselseitige Unentbehrlichkeit ge-
gründeten Verwebung ihres verschiedenen
Interesse entsteht eine Art von E i n h e i t,
die, meines Erachtens, das Verdienst der
N e u h e i t hat, und deren gute Wirkung
der Leser durch seine eigene Theilnehmung
an den sämmtlichen handelnden Personen zu
stark fühlt, als dafs sie ihm irgend ein Kunstrichter wegdisputieren könnte.

———————

OBERON

ERSTER GESANG.

1.

Noch einmahl sattelt mir den Hippogryfen, ihr
Musen,
Zum Ritt ins alte romantische Land!
Wie lieblich um meinen entfesselten Busen
Der holde Wahnsinn spielt! Wer schlang das
magische Band
Um meine Stirne? Wer treibt von meinen Augen
den Nebel
Der auf der Vorwelt Wundern liegt?
Ich seh', in buntem Gewühl, bald siegend, bald
besiegt,
Des Ritters gutes Schwert, der Heiden blinkende
Säbel.

2.

Vergebens knirscht des alten Sultans Zorn,
Vergebens dräut ein Wald von starren Lanzen:
Es tönt in lieblichem Ton das elfenbeinere Horn,
Und, wie ein Wirbel, ergreift sie alle die Wuth
    zu tanzen;
Sie drehen im Kreise sich um bis Sinn und Athem
    entgeht.
Triumf, Herr Ritter, Triumf! Gewonnen ist die
    Schöne.
Was säumt ihr? Fort! der Wimpel weht;
Nach Rom, dafs euern Bund der heil'ge Vater
    kröne!

3.

Nur dafs der süfsen verbotenen Frucht
Euch ja nicht vor der Zeit gelüste!
Geduld! der freundlichste Wind begünstigt eure
    Flucht,
Zwey Tage noch, so winkt Hesperiens goldne
    Käste.
O rette, rette sie, getreuer Scherasmin,

Wenn's möglich ist! — Umsonst! die trunknen
Seelen hören
Sogar den Donner nicht. Unglückliche, wohin
Bringt euch ein Augenblick! Kann Liebe so be-
thören?

4.

In welches Meer von Jammer stürzt sie euch!
Wer wird den Zorn des kleinen Halbgotts schmel-
zen?
Ach! wie sie Arm in Arm sich auf den Wogen
wälzen!
Noch glücklich durch den Trost, zum wenigsten
zugleich
Eins an des andern Brust zu sinken ins Verderben.
Ach! hofft es nicht! Zu sehr auf euch erbost
Versagt euch Oberon sogar den letzten Trost,
Den armen letzten Trost des Leidenden, zu sterben!

5.

Zu strengern Qualen aufgespart
Seh' ich sie hülflos, nackt, am öden Ufer irren;
Ihr Lager eine Kluft, mit einer Hand voll dürren

Halb faulem Schilf bestreut! und Beeren wilder Art,
Die kärglich hier und dort an kahlen Hecken
schmoren,
All ihre Kost! In dieser dringenden Noth
Kein Hüttenrauch von fern, kein hülfewinkend
Boot,
Glück, Zufall und Natur zu ihrem Fall verschwo-
ren!

6.

Und noch ist nicht des Rächers Zorn erweicht,
Noch hat ihr Elend nicht die höchste Stuf' erreicht;
Es nährt nur ihre strafbar'n Flammen,
Sie leiden zwar, doch leiden sie beysammen.
Getrennt zu seyn, so wie in Donner und Blitz
Der wilde Sturm zwey Bruderschiffe trennet,
Und ausgelöscht, wenn im geheimsten Sitz
Der Hoffnung noch ein schwaches Flämmchen
brennet: _

7.

Diefs fehlte noch! — O du, ihr Genius einst,
ihr Freund!
Verdient, was Liebe gefehlt, die Rache sonder
Grenzen?

Weh euch! Noch seh' ich Thränen in seinen
Augen glänzen;
Erwartet das ärgste wenn O b e r o n weint! —
Doch, Muse, wohin reifst dich die Adlersschwinge
Der hohen trunknen Schwärmerey?
Dein Hörer steht bestürzt, er fragt sich was dir
sey,
Und deine Gesichte sind i h m geheimnifsvolle
Dinge.

8.

Komm, lafs dich nieder zu uns auf diesen
Kanapee,
Und — statt zu rufen, ich seh', ich seh;
Was niemand sieht als Du — erzähl' uns fein ge-
lassen
Wie alles sich begab. Sieh, wie mit lauschen-
dem Mund
Und weit geöffnetem Auge die Hörer alle passen,
Geneigt zum gegenseitigen Bund,
Wenn du sie täuschen kannst sich willig täuschen
zu lassen.
Wohlan! so höret denn die Sache aus dem Grund!

9.

Der Paladin, mit dessen Abenteuern
Wir euch zu ergetzen (so fern ihr noch ergetzbar
seyd)
Entschlossen sind, war seit geraumer Zeit
Gebunden durch sein Wort nach Babylon zu
steuern.
Was er zu Babylon verrichten sollte, war
Halsbrechend Werk, sogar in Karls des Grofsen
Tagen:
In unsern würd' es, auf gleiche Gefahr,
Um allen Ruhm der Welt kein junger Ritter
wagen.

10.

Sohn, sprach sein Oheim zu ihm, der heil'ge
Vater in Rom,
Zu dessen Füfsen, mit einem reichlichen Strom
Bufsfert'ger Zähren angefeuchtet,
Er, als ein frommer Christ, erst seine Schuld
gebeichtet;
Sohn, sprach er, als er ihm den Ablafs segnend
gab,

Zeuch hin in Frieden! Es wird dir wohl ge-
lingen
Was du beginnst. Allein vor allen Dingen,
Wenn du nach Joppen kommst, besuch' das
heil'ge Grab!

11.

Der Ritter küsset ihm in Demuth den Pan-
toffel,
Gelobt Gehorsam an, und zieht getrost dahin.
Schwer war das Werk, wozu der Kaiser ihn
Verurtheilt hatte; doch, mit Gott und Sankt Kris-
toffel
Hofft er zu seinem Ruhm sich schon heraus zu
ziehn.
Er steigt zu Joppen aus, tritt mit dem Pilgerstabe
Die Wallfahrt an zum werthen heil'gen Grabe,
Und fühlt sich nun an Muth und Glauben zwie-
fach kühn.

12.

Drauf geht es mit verhängtem Zügel
Auf Bagdad los. Stets denkt er, kommt es bald?
Allein da lag noch mancher steile Hügel

Und manche Wüsteney und mancher dicke Wald
Dazwischen. Schlimm genug, daſs in den Hei-
                                denlanden,
Die schöne Sprache von O k was unerhörtes war:
Ist diefs der nächste Weg nach Bagdad, fragt er
                                zwar
An jedem Thore, doch von keiner Seele verstanden.

13.

Einst traf der Weg, der eben vor ihm lag
Auf einen Wald. Er ritt bey Sturm und Regen
Bald links bald rechts den ganzen langen Tag,
Und muſst' oft erst mit seinem breiten Degen
Durchs wilde Gebüsch sich einen Ausgang hau'n.
Er ritt Berg an, um freyer umzuschau'n.
Weh ihm! Der Wald scheint sich von allen Sei-
                                ten,
Je mehr er schaut, je weiter auszubreiten.

14.

Was ganz natürlich war däucht ihm ein Zau-
                                berspiel.
Wie wird ihm erst, da in so wilden Gründen,

Woraus kaum möglich war bey Tage sich zu
                    finden,
Zuletzt die Nacht ihn überfiel!
Sein Ungemach erreichte nun den Gipfel.
Kein Sternchen glimmt durch die verwachsnen
                    Wipfel;
Er führt sein Pferd so gut er kann am Zaum,
Und stöfst bey jedem Tritt die Stirn an einen
                    Baum.

15.

Die dichte rabenschwarze Hülle
Die um den Himmel liegt, ein unbekannter Wald,
Und, was zum ersten Mahl in seine Ohren schallt,
Der Löwen donnerndes Gebrülle,
Tief aus den Bergen her, das, durch die Todes-
                    stille
Der Nacht noch schrecklicher, von Felsen wie-
                    derhallt:
Den Mann, der nie gebebt in seinem ganzen
                    Leben,
Den machte alles diefs zum ersten Mahl erbeben!

16.

Auch unser Held, wiewohl kein Weibessohn
Ihn jemahls zittern sah, fühlt doch bey diesem
Ton
An Arm und Knie die Sehnen sich entstricken,
Und wider Willen läuft's ihm eiskalt übern Rücken.
Allein den Muth, der ihn nach Babylon
Zu gehen treibt, kann keine Furcht ersticken;
Und mit gezognem Schwert, sein Roſs stets an der
Hand,
Ersteigt er einen Pfad, der sich durch Felsen
wand.

17.

Er war nicht lange fortgegangen,
So glaubt er in der Fern' den Schein von Feuer
zu sehn.
Der Anblick pumpt sogleich mehr Blut in seine
Wangen,
Und, zwischen Zweifel, und Verlangen
Ein menschlich Wesen vielleicht in diesen öden
Höhn

Zu finden, fährt er fort dem Schimmer nachzugehn,
Der bald erstirbt, und bald sich wieder zeiget
So wie der Pfad sich senket oder steiget.

18.

Auf einmahl gähnt im tiefsten Felsengrund
Ihn eine Höhle an, vor deren finsterm Schlund
Ein prasselnd Feuer flammt. In wunderbaren Ge-
stalten
Ragt aus der dunkeln Nacht das angestrahlte Ge-
stein,
Mit wildem Gebüsche versetzt, das aus den schwar-
zen Spalten
Herab nickt, und im Wiederschein
Als grünes Feuer brennt. Mit lustvermengtem
Grauen
Bleibt unser Ritter stehn, den Zauber anzuschauen.

19.

Indem schallt aus dem Bauch der Gruft, ein
donnernd Halt!
Und plötzlich stand vor ihm ein Mann von rauher
Gestalt,

Mit einem Mantel bedeckt von wilden Katzen-
fellen,
Der, grob zusammen geflickt, die rauhen Schenkel
schlug;
Ein graulich schwarzer Bart hing ihm in krausen
Wellen
Bis auf den Magen herab, und auf der Schulter
trug
Er einen Cedernast, als Keule, schwer genug
Den größten Stier auf Einen Schlag zu fällen.

20.

Der Ritter, ohne vor dem Mann
Und seiner Ceder und seinem Bart zu erschrecken,
Beginnt in der Sprache von O k, der einz'gen die
er kann,
Ihm seinen Nothstand zu entdecken.
Was hör' ich? ruft entzückt der alte Waldmann
aus:
O süße Musik vom Ufer der Garonne!
Schon seehzehnmahl durchläuft den Sternenkreis
die Sonne,
Und alle die Zeit entbehr' ich diesen Ohrenschmaus.

21.

Willkommen, edler Herr, auf L i b a n o n, will-
kommen!
Wiewohl sich leicht erachten läſst
Daſs ihr den Weg in dieses Drachennest
Um meinetwillen nicht genommen.
Kommt, ruhet aus, und nehmt ein leichtes Mahl
für gut,
Wobey die Freundlichkeit des Wirths das beste
thut.
Mein Wein (er springt aus diesem Felsenkeller)
Verdünnt das Blut, und macht die Augen heller.

22.

Der Held, dem dieser Gruſs gar groſse Freude
gab,
Folgt ungesäumt dem Landsmann in die Grotte,
Legt traulich Helm und Panzer ab,
Und steht entwaffnet da, gleich einem jungen Gotte.
Dem Waldmann wird als rühr' ihn A l q u i f s Stab,
Da jener itzt den blanken Helm entschnallet,
Und ihm den schlanken Rücken hinab
Sein langes gelbes Haar in groſsen Ringen wallet.

23.

Wie ähnlich, ruft er, o wie ähnlich, Stück
für Stück!

Stirn, Auge, Mund und Haar! — Wem ähnlich?
fragt der Ritter.

„Verzeihung, junger Mann! Es war ein Augenblick,

Ein Traum aus befsrer Zeit! so süfs, und auch
so bitter!

Es kann nicht seyn! — Und doch, wie euch diefs
schöne Haar

Den Rücken herunter fiel, war mir's ich seh' Ihn
selber

Von Kopf zu Fufs. Bey Gott! sein Abdruck, ganz
und gar;

Nur Er von breit'rer Brust, und eure Locken
gelber.

24.

„Ihr seyd, der Sprache nach, aus meinem Lan-
de; vielleicht

Ist's nicht umsonst, dafs ihr den guten Herrn so
gleicht,

Um den ich hier in diesem wilden Haine,
So fern von meinem Volk, schon sechzehn Jahre
weine.

Ach! ihn zu überleben war
Mein Schicksal! Diese Hand hat ihm die Augen
geschlossen,
Diefs Auge sein frühes Grab mit treuen Zähren
begossen,
Und itzt, ihn wieder in euch zu sehn, wie wunderbar!"

25.

Der Zufall spielt zuweilen solche Spiele,
Versetzt der Jüngling. — Sey es dann,
Fährt jener fort: genug, mein wackrer junger
Mann,
Die Liebe, womit ich mich zu euch gezogen fühle,
Ist traun! kein Wahn; und gönnet ihr den Lohn
Dafs Schernsmin bey euerm Nahmen euch
nenne?
„Mein Nahm' ist Hüon, Erb' und Sohn
Des braven Siegewin, einst Herzogs von
Guyenne."

26.

O! ruft der Alte, der ihm zu Füfsen fällt,
So log mein Herz mir nicht! O tausendmahl will-
kommen
In diesem einsamen unwirthbarn Theil der Welt,
Willkommen, Sohn des ritterlichen, frommen,
Preiswerthen Herrn, mit dem in meiner bessern
Zeit
Ich manches Abenteu'r in Schimpf und Ernst be-
standen!
Ihr hüpftet noch im ersten Flügelkleid,
Als wir zum heil'gen Grab zu fahren uns ver-
banden.

27.

Wer hätte dazumahl gedacht,
Wir würden uns in diesen Felsenschlünden
Auf Libanon nach achtzehn Jahren finden?
Verzweifle keiner je, dem in der trübsten Nacht
Der Hoffnung letzte Sterne schwinden!
Doch, Herr, verzeiht dafs mich die Freude plau-
dern macht.

Laßt mich vielmehr vor allen Dingen fragen,
Was für ein Sturmwind euch in dieses Land ver-
schlagen?

28.

Herr Hüon läßt am Feuerherd
Auf einer Bank von Moos sich mit dem Alten
nieder,
Und als er drauf die reisemüden Glieder
Mit einem Trunk, so frisch die Quelle ihn be-
schert,
Und etwas Honigseim gestärket,
Beginnt er seine Geschichte dem Wirth zu erzäh-
len, der sich
Nicht satt an ihm sehen kann, und stets noch
was bemerket
Worin sein vor'ger Herr dem jungen Ritter glich.

29.

Der junge Mann erzählt, nach Art der lieben
Jugend,
Ein wenig breit: wie seine Mutter ihn

Bey Hofe (dem wahren Ort um Prinzen zu
  erziehn)
Gar fleifsig zu guter Lehr' und ritterlicher Tugend
Erzogen; wie schnell der Kindheit lieblicher
  Traum
Vorüber geflogen; und wie, so bald ihm etwas
  Flaum
Durchs Kinn gestochen, man ihn zu Bordeaux,
  von den Stufen
Des Schlosses, mit grofsem Pomp zum Herzog
  ausgerufen;

30.

Und wie sie drauf in eitel Lust und Pracht,
Mit Jagen, Turnieren, Banketten, Saus und
  Brause,
Zwey volle Jahre wie einzelne Tage verbracht,
Bis Amory, der Feind von seinem Hause,
Beym Kaiser (dessen Huld sein Vater schon ver-
  scherzt)
Ihn hinterrücks gar böslich angeschwärzt;
Und wie ihn Karl, zum Schein in allen Gnaden,
Nach Hofe, zum Empfang der Lehen, vorgeladen;

31.

Wie sein besagter Feind, der listige Baron
Von Hohenblat, mit Scharlot, zweytem Sohn
Des grofsen Karls, dem schlimmsten Fürsten-
     Knaben
Im Christenthum, (als der schon lange Lust gehegt
Zu Hüons Land) es heimlich angelegt
Auf seinem Zuge nach Hof ihm eine Grube zu
     graben;
Und wie sie, eines Morgens früh,
Ihm aufgepafst im Wald bey Montlery.

32.

Mein Bruder, fuhr er fort, der junge Gerard,
     machte,
Mit seinem Falken auf der Hand,
Die Reise mit. Aus frohem Unverstand
Entfernt der Knabe sich, da niemand arges dachte,
Von unserm Trupp, läfst seinen Falken los,
Und rennt ihm nach: wir andern alle zogen
Indessen unsern Weg, und achteten's nicht grofs
Als Falk' und Knab' aus unserm Blick entflogen.

33.

Auf einmahl dringt ein klägliches Geschrey
In unser Ohr. Wir eilen schnell herbey,
Und siehe da! mein Bruder liegt, vom Pferde
Gestürzt, beschmutzt und blutend auf der Erde.
Ein Edelknecht (von keinem unsrer Schaar
Erkannt, wiewohl es S c h a r l o t selber war)
Stand im Begriff ihn weidlich abzuwalken,
Und seitwärts hielt ein Zwerg mit seinem Falken.

34.

Von Zorn entbrannt rief ich: Du Grobian,
Was hat der Knabe dir gethan,
Der wehrlos ist, ihm also mitzuspielen?
Zurück, und rühr' ihn noch mit einem Finger an,
Wofern dich's jückt mein Schwert in deinem Wanst
zu fühlen.
Ha! schrie mir jener zu — bist du's? Dich sucht'
ich just,
Schon lange dürst' ich nach der Lust
Mein racheglühend Herz in deinem Blut zu
kühlen.

35.

Kennst du mich nicht, so wiss', ich bin der
Sohn.
Des Herzogs Dietrich von Ardennen:
Dein Vater Siegewin (mög' er im Abgrund
brennen!)
Trug über meinen einst bey einem offnen Rennen
Mit Hinterlist den Dank davon,
Und durch die Flucht allein entging er seinem
Lohn.
Doch, Rache hab' ich ihm geschworen,
Du sollst mir zahlen für ihn! Da, sieh zu deinen Ohren!

36.

Und mit dem Worte rennt er gegen mich,
Der, unbereit zu solchem Tanze,
Sich dessen nicht versah, mit eingelegter Lanze.
Zum Glück pariert' ich seinen Stich
Mit meinem linken Arm, um den ich in der
Eile
Den Mantel schlug, und auf der Stell' empfing

Mit meinem Degenknopf der Unhold eine Beule
Am rechten Schlaf, wovon der Athem ihm entging.

37.

Er fiel, mit Einem Wort, um nimmer aufzu-
stehen.
Da liefsen plötzlich sich im Walde Reiter sehen
In grofser Zahl; doch des Erschlagnen Tod
Zu rächen, war dem feigen Trofs nicht Noth.
Sie hielten, während wir des Knaben Wunde
banden,
Sich still und fern, bis wir aus ihren Augen
schwanden;
Drauf legten sie den Leichnam auf ein Rofs
Und zogen eilends fort zum kaiserlichen Schlofs.

38.

Unwissend, wie bey Karl mein Handel sich
verschlimmert,
Verfolg' ich meinen Weg, des Vorgangs unbe-
kümmert.
Wir langen an. Mein alter Oheim, Abt

Zu Saint Denys, ein Mann mit Weisheit hoch-
begabt,

Führt beym Gehör das Wort. Wir werden wohl
empfangen,

Und alles wär' erwünscht für uns ergangen:

Doch, wie man eben sich zur Tafel setzen will,

Hält Hohenblat am Schloß mit Scharlots
Leiche still.

39.

Zwölf Knappen tragen sie, in schwarzen Flor
vermummet,

Die hohen Stufen hinan, und wer sie sieht ver-
stummet

Und steht erstarrt. Sie nehmen ihren Lauf

Dem Sahle zu. Die Thüren springen auf:

Da tragen zwölf Gespenster eine Bahre,

Mit blut'gen Linnen bedeckt, bis mitten in den
Sahl.

Der Kaiser selbst erblafst, uns andern stehn die
Haare

Zu Berg, und mich trifft's wie ein Wetterstrahl.

40.

Indem tritt A m o r y hervor, hebt von der
Leiche
Das blut'ge Tuch, und — „Sieh! (ruft er dem
Kaiser zu)
Diefs ist dein Sohn! und h i e r der Frevler, der
dem Reiche
Und dir die Wunde schlug, der Mörder unsrer
Ruh!
Weh mir! ich kam zu spät dazu!
Sich nichts versehend fiel dein S c h a r l o t im Ge-
sträuche,
Durch Meuchelmord, nicht wie in offnem Feld
Von Rittershand ein ritterlicher Held.“

41.

Wie viel Verdriefs dem alten Herrn auch
täglich
Sein böser Sohn gebracht, so blieb er doch sein
Sohn,
Sein Fleisch und Blut. Erst stand er unbeweglich;
Dann schrie er laut vor Schmerz, mein Sohn! mein
Sohn!

Und warf sich in Verzweiflung neben
Den Leichnam hin. Mir war der bange Vaterton
Ein Dolch ins Herz; ich hätt' um Scharlots Leben
In diesem Augenblick mein bestes Blut gegeben.

42.

Herr, rief ich, höre mich! Mein Will' ist ohne
Schuld;
Er gab sich für den Sohn des Herzogs von Arden-
nen,
Und was er that, bey Gott! es hätte die Geduld
Von einem Heil'gen morden können!
Er schlug den Knaben dort, der ihm kein Leid
gethan,
Sprach lästerlich von meines Vaters Ehre,
Fiel unverwarnt mich selber mörd'risch an —
Den möcht' ich sehn, der kalt geblieben wäre!

43.

Ha! Bösewicht! schreyt Karl mich hörend,
springt entbrannt
Vom Leichnam auf, mit Löwengrimm im Blicke,
Reifst einem Knecht das Eisen aus der Hand,

Und, hielten ihn mit Macht die Fürsten nicht
        zurücke,
Er hätt' in seiner Wuth mich durch und durch
        gerannt.
Auf einmahl rüttelt sich der ganze Ritterstand;
Ein wetterleuchtender Glanz von hundert blofsen
        Wehren
Scheint stracks in jeder Brust die Mordlust auf-
        zustören.

44.

Die Hall' erdonnert von Geschrey,
Das Ästrich bebt, die alten Fenster klirren.
Aus jedem Mund schallt Mord! Verrätherey!
Die Sprachen scheinen sich aufs neue zu ver-
        wirren.
Man schnaubt, man rennt sich an, man zückt die
        drohende Hand.
Der Abt, den noch allein Sankt Benedikts Ge-
        wand
Vor Frevel schützt, hält endlich unsern Degen
Mit aufgehobnem Arm sein Skapulier entgegen.

45.

Ehrt, ruft er laut, den heil'gen Vater in mir
Defs Sohn ich bin! Im Nahmen des Gottes, dem
ich diene,
Gebiet' ich Fried'! — Er rief's mit einer Miene
Und einem Ton, der Heiden zur Gebühr
Genöthigt hätt'. Und stracks auf einmahl legen
Des Aufruhrs Wogen sich, erhellt sich jeder
Blick,
Und jeder Dolch und jeder nackte Degen
Schleicht in die Scheide still zurück.

46.

Nun trug der Abt den ganzen Verlauf der
Sache
Dem Kaiser vor. Die Überredung safs
Auf seinen Lippen. Allein, was half mir das?
Die Leiche des Sohns liegt da und schreyt um
Rache.
Hier, ruft der Vater, sieh, und sprich
Dem Mörder meines Sohns das Urtheil! Sprich's
für mich!

Ja, rachedürstender Geist, dein Gaumen soll sich
laben
An seinem Blut! Er sterb' und mäste die Raben!

47.

Itzt schwoll mein Herz empor. Ich bin kein
Mörder, schrie
Ich überlaut. Der Richter richtet nicht billig
In eigner Sache. Der Kläger A m o r y
Ist ein-Verräther, Herr! Hier steh' ich, frey und
willig,
Will in sein falsches Herz, mit meines Lebens
Fahr,
Beweisen, daſs er ein Schalk und Lügner ist, und
war
Und bleiben wird, so lange sein Hauch die Luft
vergiftet.
Sein Werk ist alles dieſs, Er hat es angestiftet!

48.

Ich bin, wie er, von fürstlichem Geschlecht,
Ein Pär des Reichs, und fordre hier mein Recht;
Der Kaiser kann mir's nicht versagen!

Da liegt mein Handschuh, laſst ihn's wagen
Ihn aufzunehmen, und Gott in seinem Gericht
Entscheide, welchen von uns die Stimme dieses
Blutes
Zur Hölle donnern soll! Die Quelle meines
Muthes
Ist meine Unschuld, Herr! Mich schreckt sein
Donner nicht.

49.

Die Fürsten des Kaiserreichs, so viel von ihnen
zugegen,
Ein jeder sieht sich selbst in meiner Verdammung
gekränkt.
Sie murmeln, dem Meere gleich, wenn sich von
fern zu regen
Der Sturm beginnt: sie bitten, dringen, legen
Das Recht ihm vor. Umsonst! den starren
Blick gesenkt
Auf Scharlots blutiges Haupt, kann nichts den
Vater bewegen:

Wiewohl auch Hohenblat, der's für ein' leichtes hält
Mir obzusiegen, selbst sich unter die Bittenden
stellt.

50.

Herr, spricht er, lafst mich gehn, den Frevler
abzustrafen,
Ich wage nichts wo Pflicht und Recht mich
schützt.
Ha! rief ich laut, von Scham und Grimm erhitzt,
Du spottest noch? Erzittre! immer schlafen
Des Rächers Blitze nicht. — Mein Schwert, ruft
Hohenblat,
Soll, Mörder, sie auf deine Scheitel häufen!
Doch Karl, den meine Gluth nur mehr erbittert
hat,
Befiehlt der Wache, mich zu greifen.

51.

Diefs rasche Wort empört den ganzen Sahl
Von neuem: alle Schwerter blitzen,

Das Ritterrecht, das Karl in mir verletzt, zu
schützen.

Ergreift ihn, ruft der Kaiser abermahl;

Allein er sieht, mit vorgehaltnen Klingen,

In dichtem Kreis die Ritter mich umringen.

Vergebens droht, schier im Gedräng erstickt,

Der geistliche Herr mit Bann und Inderdikt.

52.

Des Reiches Schicksal schien an einem Haar
zu schweben.

Die grauen Räthe flehn dem Kaiser auf den Knien,

Dem Recht der Ritter nachzugeben:

Je mehr sie flehn, je minder rührt es ihn;

Bis endlich Herzog Nayms (der oft in seinem
Leben,

Wenn Karl den Kopf verlor, den seinen ihm
geliehn)

Den Mund zum Ohr ihm hält, dann gegen uns
sich kehret,

Und zum begehrten Kampf des Kaisers Urlaub
schwöret.

53.

Herr Hüon fuhr dann zu erzählen fort:
Wie stracks auf dieses einz'ge Wort
Der Aufruhr sich gelegt, die Ritter alle zurücke
Gewichen, und Karl, wiewohl im Herzen ergrimmt,
Mit stiller Wuth im halb entwölkten Blicke,
Den achten Tag zum Urtheilskampf bestimmt;
Wie beide Theile sich mit grofser Pracht gerüstet,
Und, des Triumfs gewifs, sich Amory gebrüstet.

54.

Der stolze Mann, wiewohl in seiner Brust
Ein Kläger pocht der seinen Muth erschüttert,
War eines Arms von Eisen sich bewufst,
Der manchen Wald von Lanzen schon zersplittert.
Er hatte nie vor einem Feind gezittert,
Und Kampf auf Tod und Leben war ihm Lust.
Doch all sein Trotz und seine Riesenstärke
Betrogen ihn bey diesem blut'gen Werke. —

55.

Gekommen war nunmehr der richterliche Tag,
Versammelt alles Volk. Mit meinem silberblanken

Turnierschild vor der Brust, und, wie ich sagen
mag,
Von allen mit Liebe begrüfst, erschien ich in den
Schranken.
Schon stand der Kläger da. In einem Erker lag
Der alte K a r l, umringt von seinen Fürsten,
Und schien, in offenem Vertrag
Mit Amory, nach meinem Blut zu dürsten.

56.

—

'Die Sonne wird getheilt. Die Richter setzen
sich.
Mein Gegner scheint vor Ungeduld zu brennen
Bis die Trompete ruft. Nun ruft sie, und wir
rennen,
Und treffen so gewaltiglich
Zusammen, dafs aufs Knie die Rosse stürzen, und
ich
Und Hohenblat uns kaum im Sattel halten können.
Eilfertig machen wir uns aus den Bügeln los,
Und nun, in einem Blitz, sind beide Schwerter
blofs.

57.

Daſs ich von unserm Kampf dir ein Gemählde
macho
Verlange nicht. An Grimm und Stärke war,
Wie an Erfahrenheit, mein Gegner offenbar
Mir überlegen; doch, die Unschuld meiner Sache
Beschützte mich, und machte meine Kraft
Dem Willen gleich. Der Sieg blieb lange zwei-
felhaft;
Schon floſs aus manchem Quell des Klägers Blut
herunter,
Und Hüon war noch unverletzt und munter.

58.

Der wilde Amory, wie er sein dampfend
Blut
Den Panzer färben sieht, entbrennt von neuer
Wuth,
Und stürmt auf Hüon ein, gleich einem Unge-
witter
Daſs alles vor sich her zertrümmert und verheert,
Blitzt Schlag auf Schlag, so daſs mein junger Ritter
Der überlegnen Macht mit Mühe sich erwehrt.

Ein Arm, an Kraft mit Rolands zu vergleichen,
Bringt endlich ihn, nach langem Kampf, zum Weichen.

59.

Des Sieges schon gewifs fafst Amory sogleich
Mit beiden angestrengten Händen
Sein mächtig Schwert, den Kampf auf Einen Schlag
zu enden.
Doch Hüons gutes Glück entglitscht dem Todes-
streich,
Und bringt, eh' jener sich ins Gleichgewicht zu
schwingen
Vermag, da wo der Helm sich an den Kragen
schnürt,
So einen Hieb ihm bey, dafs ihm die Ohren
klingen,
Und die entnervte Hand den Degengriff verliert.

60.

Der Stolze sinkt zu seines Gegners Füfsen,
Und Hüon, mit gezücktem Schwert,
Dringt auf ihn ein. Entlade dein Gewissen,
Ruft er, wenn noch das Leben einen Werth

In deinen Augen hat. Gesteh es auf der Stelle —
Bandit, schreyt Amory, indem er alle Kraft
Zum letzten Stoſs mit Grimm zusammen rafft,
Nimm dieſs und folge mir zur Hölle!

61.

Zum Glücke streift der Stoſs, mit ungewisser
Hand
Vom Boden auf geführt, durch eine schnelle Wen-
dung
Die Hüon macht, unschädlich nur den Rand
Des linken Arms; allein, mein Ritter, in der
Blendung
Des ersten Zorns, vergiſst, daſs Hohenblat,
Um öffentlich vor Karln die Wahrheit kund zu
machen,
Noch etwas Athem nöthig hat,
Und stöſst sein breites Schwert ihm wüthend in
den Rachen.

62.

Der Frevler speyt in Wellen rother Flut
Die schwarze Seele aus. Der Sieger steht, ent-
sündigt

Und rein gewaschen in seines Klägers Blut,
Vor allen Augen da. Des Herolds Ruf verkündigt
Es laut dem Volk. Ein helles Jubelgeschrey
Schallt an die Wolken. Die Ritter eilen herbey
Das Blut zu stillen, das an des Panzers Seiten
Herab ihm quillt, und ihn zum Kaiser zu begleiten.

63.

Doch Karl (so fährt der junge Ritter fort
Den Mann vom Felsen zu erzählen)
Karl hielt noch seinen Groll. Kann dieser neue
Mord
Mir, rief er, meinen Sohn beseelen?
Ist Hüons Unschuld anerkannt?
Liefs Hohenblat ein Wort von Widerruf ent-
fallen?
Auf ewig sey er denn aus unserm Reich verbannt,
Und all sein Land und Gut der Krone heimge-
fallen!

64.

Streng war diefs Urtheil, streng der Mund
Aus dem es ging; allein, was konnten wir dagegen?
Das einzige Mittel war aufs Bitten uns zu legen.

Die Pärs, die Ritterschaft, wir allo knieten, rund
Um seinen Thron, uns schier die Kniee wund,
Und gaben's endlich anf, ihn jemahls zu bewegen;
Als Karl zuletzt sein langes Schweigen brach:
Wohlan, ihr Fürsten und Ritter, ihr wollt's, wir

geben nach.

65.

Doch höret den Beding, den nichts zu wider-

rufen

Vermögend ist! — Hier neigt' er gegen mich
Herunter zu des Thrones Stufen
Den Zepter — Ich begnadige dich:
Allein, aus allen meinen Reichen
Soll dein verbannter Fuß zur Stunde stracks ent-

weichen,

Und, bis du Stück für Stück mein kaiserlich Gebot
Vollbracht, ist Wiederkunft unmittelbarer Tod.

66.

Zeuch hin nach Babylon, und in der fest-

lichen Stunde,

Wenn der Kalif, im Staat, an seiner Tafelrunde,

Mit seinen Emirn sich beym hohen Mahl vergnügt,

Tritt hin, und schlage dem, der ihm zur Linken
liegt,

Den Kopf ab, daſs sein Blut die Tafel über-
spritze.

Ist dieſs gethan, so nahe, züchtig dich

Der Erbin seines Throns, zunächst an seinem
Sitze,

Und küſs' als deine Braut sie dreymahl öffentlich.

67.

Und wenn dann der Kalif, der einer solchen
Scene

In seiner eignen Gegenwart

Sich nicht versah, vor deiner Kühnheit starrt,

So wirf dich, an der goldnen Lehne

Von seinem Stuhle, hin, nach Morgenländer-Art,

Und, zum Geschenk für mich, das unsre Freundschaft kröne,

Erbitte dir von ihm vier seiner Backenzähne

Und eine Handvoll Haar aus seinem grauen Bart.

68.

Geh hin, und, wie gesagt, eh' du aufs Haar
vollzogen
Was ich dir hier von Wort zu Wort gebot,
Ist deine Wiederkunft unmittelbarer Tod!
Wir bleiben übrigens in Gnaden dir gewogen.
Der Kaiser sprach's und schwieg. Allein wie uns
dabey
Zu Muthe war, ist nothlos zu beschreiben,
Ein jeder sah, dafs so gewogen bleiben
Nichts besser als ein Todesurtheil sey.

69.

Ein dumpfes Murren begann im tiefen Sahl zu
wittern.
Bey Sankt Georg! (sprach einer von den Rittern
Der auf der Lanzelot und Tristan rauher Bahn
Manch Abenteu'r mit Ehren abgethan)
Sonst pfleg' ich auch nicht leicht vor einem Ding
zu zittern;
Setz' einer seinen Kopf, ich setz' ihm meinen dran:
Doch was der Kaiser da dem Hüon angesonnen
Hätt' auch, so brav er war, Herr Gawin nicht
begonnen!

70.

Was red' ich viel? Es war zu offenbar
Dafs Karl durch diefs Gebot mir nach dem Leben
trachte.

Doch, wie es kam, ob es Verzweiflung war,
Ob Ahnung, oder Trotz, was mich so tollkühn
machte.

Genug, ich trat vor ihn und sprach mit Zuversicht:

Was du befohlen, Herr, kann meinen Muth nicht
beugen.

Ich bin ein Frank! Unmöglich oder nicht,
Ich unternehm's, und seyd ihr alle Zeugen!

71.

Und nun, kraft dieses Worts, mein guter Scherasmin,

Siehst du mich hier, nach Babylon zu reisen
Entschlossen. Willst du mir dahin
Den nächsten Weg aus diesen Bergen weisen,
So habe Dank; wo nicht, so mach' ich's wie ich
kann.

Mein bester Herr, versetzt der Felsenmann,

Indem die Zähren ihm am Bart herunter beben,
Ihr ruft, wie aus dem Grab, mich in ein neues
Leben!

72.

Hier schwör' ich euch, und da, zum heil'gen
Pfand
Ist diese alte zwar doch nicht entnervte Hand,
Mit euch, dem theuern Sohn und Erben
Von meinem guten Herrn, zu leben und zu sterben.
Das Werk, wozu der Kaiser euch gesandt,
Ist schwer, doch ist damit auch Ehre zu erwerben!
Genug, ich führ' euch hin, und steh' euch festen
Muths
Bis auf den letzten Tropfen Bluts.

73.

Der junge Fürst, gerührt von solcher Treue,
Fällt dankbarlich dem Alten um den Hals.
Drauf legen sich die beiden auf die Streue,
Und Hüon schläft als wär' es Flaum. Und als
Der Tag erwacht, erwacht mit muntern Blicken
Der Ritter auch, schnallt seine Rüstung an,
Der Alte nimmt den Quersack auf den Rücken,
Den Knittel in die Hand, und wandert frisch voran.

Varianten.

(a) bezeichnet die erste Ausgabe des Oberon,
im Deutschen Merkur 1780. (b) die Leipz. Ausg.
von 1785. (c) die Leipz. Ausg. von 1792, welche bis
zum VIII. Gesang mit jener übereinstimmend ist.
Die Verse ohne diese Zeichen sind in den drey
Ausgaben gleich, erscheinen aber in der gegenwärtigen verändert. Die in () eingeschlofsnen Wörter
sind die Lesart der Ausg. von 1785, die vorste-
henden die der ersten Ausgaben.

Stanze 4. vers 7.

— — — — — den armen Trost,

St. 7. v. 5.

(a) Doch, Muse, wohin trägt dich u. s. w.

(b) Doch, Muse, wohin, wohin reifst dich u. s. w.

St. 7. v. 7, 8.

— — — er fragt sich, wie ihm sey,
Und was du siehst sind ihm geheimnifsvolle Dinge.

St. 10. v. 1.

Sohn, sprach zu ihm sein Öhm, der heil'ge Vater

zu Rom,

St. 12. v. 5 — 8.

(*a*) — Und schlimm genug, dafs ihm die Spra-

che des Landes

So fremd als die von Ok den armen Heiden war;
Ist diefs der nächste Weg nach Bagdad? fragt er

zwar

An jedem Thor, allein kein Mensch verstand es.'

St. 15. v. 2.

— — — — der unbekannte Wald

v. 8.

Den machte diefs zum ersten Mahl u. s. w.

St. 16. v. 1.

(*a*) — — — wiewohl kein Menschensohn

v. 8.

Erreicht er einen Pfad u. s. w.

St. 17. v. 1.

(*a*) Er war auf diesem Weg nicht lange fortgegangen

St. 19. v. 7.

(*a*). — — — — Keule, dick genug

St. 20. v. 2.

Und seinem Cedernbaum u. s. w.

St. 21. v. 5 — 8.

Kommt, ruhet aus, und nehmt vorlieb, so gut
Als Mutter Natur uns hier mit eignen Händen
thnt.

(*a*) Die Sonne ist mein Koch, und hier in diesem Keller
Springt Tag und Nacht mein Wein, und macht
u. s. w.

(*h*) Mein Wein (er springt in diesem Keller)
Verdünnte das Blut, u. s. w.

St. 22. v. 6.

(*a*). Da jener itzt den Lör des blanken Helms
u. s. w.

St. 23. v. 3.

(*a*) Verzeiht mir, junger Mann! u. s. w.

St. 23. *v.* 7.

(a) — — Bey Gott! sein Bildniſs u. s. w.

St. 24. *v.* 3, 4.

Den ich in diesem wilden Haine,
So fern von meinem Volk, schon sechzehn Jahre
beweine.

St. 27. *v.* 2, 3.

Daſs wir nach achtzehn Jahren, in diesen Felsen-
gründen
Auf Libanon uns würden wiederfinden?

v. 6.

— — — — Die Freude schwatzhaft macht.

St. 28. *v.* 1 — 5.

(a) Herr Hüon läſst auf einem Sitz von Moos
Beym Feuerherd sich mit dem Alten nieder,
Und als er drauf die reisemüden Glieder
Mit einem Trunk, so frisch er aus dem Felsen
floſs,
Und etwas Honigseim und trocknen Datteln ge-
stärket,

St. 29. *v.* 1, 2.

Der Ritter erzählt, nach Art der lieben Jugend,
Ein wenig breit: wie seine Frau Mutter ihn

St. 31. v. 2 — 5.

(a) — — — — zweytem Sohn
Des Kaisers, und dem schlimmsten Fürstenknaben
(a.b) Im Christenthum, der lange Lust gehegt
Zu Hüons Land, u. s. w.

St. 32.

(a) Mein Bruder Gerard, der die Reise mit uns
machte,
(So fuhr er fort) ein muntrer Fant,
Mit seinem Falken auf der Hand,
Entfernt' im Wald, aus, kind'scher Lust, sich
sachte
Von unserm Trupp, läfst seinen Falken los,
Und rennt ihm nach; wir andern zogen
Ganz arglos unsern Weg, und achteten's nicht
grofs,
Als Falk u. s. w.

St. 33. v. 1 — 4.

(a) Auf einmahl schlägt ein klägliches Geschrey
An unser Ohr; u. s. w.
(a.b) Und finden Gerardin vom Pferde
Gestürzt, u. s. w.

St. 35. v. 7.

(*a*) Allein, ich hab' ihm Rache geschworen.

St. 36. v. 8.

So derb, dafs ihm (davon) der Athem stracks

entging.

St. 37. v. 2.

Und plötzlich liefsen sich im Walde Reiter sehen

v. 8.

Und zogen ebnen Wegs zum kaiserlichen Schlofs.

St. 38. v. 3, 4.

— — Mein alter Öhm, der Abt

Von Saint Denys, u. s. w.

v. 6, 7.

Und alles wäre recht erwünscht für uns ergangen:

Allein just wie man sich zur Tafel setzen will,

St. 39. v. 7.

Der Kaiser erblafst, uns allen stehn die Haare

St. 43. v. 1.

Ha! schreyt der alte Karl mich hörend, u. s. w.

v. 4.

Und hielten die Fürsten ihn nicht mit aller Macht

zurücke,

St. 44. v. 1.

Die Hall' erdonnert von wildem Geschrey,

St. 51. v. 5, 6.

Allein, mit vorgehaltnen Klingen,
Sieht er (und knirscht vor Zorn) die Ritter mich
umringen.

St. 53. v. 1.

Herr Hüon fuhr in seiner Erzählung fort:

St. 58. v. 5 — 8.

Er stürmt auf Hüon ein, als wie ein Ungewitter
Das alles vor sich her zertrümmert und verheert,
Blitzt Schlag auf Schlag, so dafs der junge (mein
junger) Ritter
Der überlegnen Macht sich nur mit Müh erwehrt.
Er weicht, doch stets im Kreis, und hält, mit
festem Blicke
Und rastlos schnellem Arm, des Gegners Schwert
(Stahl) zurücke.

St. 59 v. 1 — 4.

Kaum sieht ihn Der erschöpft und athemlos und
bleich,
So fafst er stracks mit beiden Händen
Sein mächtig Schwert, (Eisen,) den Kampf auf
Einen Schlag zu enden.

Doch Hüons Glück entglitscht dem fürchterlichen
Streich.

St. 61. v. 3.

— — — Nur an dem fleischigen Rand
(a) Des linken Arms; allein, der Ritter in der
Blendung
(b) — — — — mein Ritter, aus Verblen-
dung

St. 66. v. 5.

— — dafs sein Blut die Tafel überspritzet.

v. 7.

Der Erbin seines Throns, die ihm zur Rechten
sitzet.

St. 68. v. 1, 2.

(a) — — — eh' du gestracks vollzogen
Was ich dir hier von Stück zu Stück gebot,

St. 72. v. 6.

Ist schwer, allein dafür auch Ehre zu erwerben!

OBERON

ZWEYTER GESANG.

1.

So zieht das edle PAAR, stets fröhlich, wach und
munter,
Bey Sonnenschein und Sternenlicht
Drey Tage schon den Libanon hinunter;
Und wenn die Mittagsgluth sie auf die Scheitel
sticht,
Dient hohes Gras im Schatten alter Cedern
Zum Ruheplatz; indefs in bunten Federn
Das leichte Volk der Luft die Silberkehlen stimmt,
Und traulich Theil an ihrer Mahlzeit nimmt.

2.

Am vierten Morgen läfst ein kleiner Haufen
Reiter
Sich ziemlich nah auf einer Höhe sehn.
Es sind Araber, spricht zu Hüon sein Begleiter,

Und aus dem Wege dem rohen Volke zu gehn,
Wo möglich, wäre wohl das beste;
Ich kenne sie als unverschämte Gäste.
Ey, ey, wo denkst du hin? erwiedert S i e g w i n s
S o h n ,
Wo hörtest du, daſs F r a n k e n je geflohn?

3.

Die Söhne der Wüste, magnetisch angezogen
Von Hüons Helm, der ihnen im Sonnenglanz
Entgegen blitzt, als wär' er ganz
Karfunkel und Rubin, sie kommen mit Pfeil und
Bogen,
Den Säbel gezückt, in Sturm heran geflogen.
Ein Mann zu Fuſs, ein Mann zu Pferd
Scheint ihnen kaum des Angriffs werth;
Allein sie fanden sich betrogen.

4.

Der junge Held, bedeckt mit seinem Schild,
Sprengt unter sie, und wirft mit seinem Speere
Den, der ihr Führer schien, so kräftig von der
Mähre,

Dafs ihm ein blutiger Strom aus Mund und Nase
quillt.

Nun stürzen alle zumahl, des Hauptmanns Fall zu
rächen,

Auf seinen Sieger zu, mit Hauen und mit Stechen;

Allein von Scherasmin, der ihm den Rücken
deckt,

Wird auf den ersten Schlag ein Pocher hinge-
streckt;

5.

Und auf den andern Trofs arbeitet unser
Ritter

So unverdrossen los, dafs bald ein Zweyter und
Dritter

Den Sattel räumt. Auf jeden frischen Zug

Fliegt hier ein Kopf, und dort ein Arm, den Säbel

Noch in der Faust. Nicht minder kräftig schlug

Der Alte zu mit seinem schweren Hebel.

Zu ihrem Mahom schrey'n die Heiden fluchend
auf,

Und wer noch fliehen kann, der flieht in vollem
Lauf.

6.

Das Feld liegt grauenhaft mit Leichen und mit
Stümmeln
Von Roſs und Mann bedeckt, die durch einander
wimmeln.
Der Held, ſo bald ſein neuer Spieſsgeſell
Das beſte Roſs, das ſeinen Herrn verloren,
Nebſt einem guten Schwert ſich aus der Beut'
erkohren,
Spornt ſeinen ſchnaubenden Hengſt und eilet vogel-
ſchnell
Den Thälern zu, die ſich in unabſehbarn Weiten
An des Gebirges Fuſs vor ihrem Blick ver-
breiten.

7.

Es ſchien ein wohl gebautes Land,
Mit Bächen überall durchſchnitten,
Die Anger mit Schafen bedeckt, die Auen im Blu-
mengewand,
Und zwiſchen Palmen die friedlichen Hütten
Der braunen Bewohner verſtreut, die froh ihr
Tagwerk thun,

In ihrer Armuth reich sich dünken,

Und, wenn sie hungrig und müd' in kühlen Schatten ruhn,

Zum rohen bäurischen Mahl dem Pilger freundlich
winken.

8.

Hier läfst der Ritter, da ihn die Sonne zu
drücken begann,

Sich Brot in frische Milch von einer Hirtin
brocken.

Das gute Volk begafft zur Seite, halb erschrok-
ken,

Wie er im Grase liegt, den fremden eisernen
Mann;

Allein da Blick und Ton ihm schnell ihr Herz
gewann,

So wagen bald Kinder sich hin und spielen mit
seinen Locken.

Den tapfern Mann ergetzt ihr traulich frohes Gewühl,

Er wird mit ihnen Kind, und theilt ihr süfses
Spiel.

9.

Wie selig, denkt er, wär's in diesen Hütten
wohnen!

Vergeblicher Wunsch! Ihn ruft sein Schicksal an-
derwärts.

Der Abend winkt. Beym Scheiden wallt sein Herz,
Und, um dem guten Volk das freundliche Mahl
zu lohnen

Wirft Hüon eine Hand voll Gold

Der Wirthin in den Schoofs. Allein die Glücklichen wufsten

Nicht was es war, und übten das Gastrecht ohne
Sold,

So dafs die Herren ihr Gold nur wieder nehmen
mufsten.

10.

Nun ritten sie zu, bis endlich, da der Tag
Zu dämmern begann, ein Wald vor ihnen lag.
Freund, spricht der Paladin zum Alten,
Mich brennt's wie Feuer bis ich dem Kaiser Wort
gehalten.
Den nächsten Weg nach Bagdad wolltest du

Mich führen? Mir ist's, ich sey vier Jahre schon
                              geritten.
Der nächste Weg, versetzt sein Spiefsgesell, geht
                              mitten
Durch diesen Wald; allein, ich rath' euch nicht
                              dazu.

11.

Man spricht nicht gut von ihm, zum wenig-
                              sten noch keiner
Der sich hinein gewagt, kam jemahls wieder 'raus.
Ihr lächelt? Glaubt mir's, Herr, ein übellauniger
                              kleiner
Boshafter Kobold, hält in diesem Walde Haus.
Es wimmelt drin von Füchsen, Hirschen, Rehen,
Die Menschen waren so gut als wir.
Der Himmel weifs in welches wilde Thier
Wir, eh' es morgen wird, uns umgekleidet sehen!

12.

Geht nur, erwiedert S i e g w i n s S o h n,
Durch diesen Wald der Weg nach Babylon,
So fürcht' ich nichts. — „Herr, lafst auf meinen
                              Knieen

Euch bitten! Es ist, bey Gott! mir mehr um euch
als mich:
Denn gegen diesen Geist, das glaubt mir sicherlich,
Hilft weder Gegenwehr noch Fliehen.
Mit fünf, sechs Tagen später ist's gethan;
Und ach! ihr kommt noch stets zu früh in Bagdad
an!"

13.

Wenn du dich fürchtest, spricht der Ritter,
So bleibe du! Ich geh', mein Schluß ist fest.
Das nicht, ruft Scherasmin: der Tod schmeckt
immer bitter,
Allein, ein Schelm, der seinen Herrn verläßt!
Wenn ihr entschlossen seyd, so folg' ich ohne
Zaudern,
Und helf' uns Gott und Unsre Frau zu Acqs!
Wohlan, spricht Hüon, komm! und reitet, bleich
wie Wachs,
Den Wald hinein. Der Alte folgt mit Schaudern.

14.

Kaum war er in der Dämmerung
Zwey hundert Schritte fortgetrottet,

Als links und rechts in vollem Sprung
Ein Heer von Hirschen und Rehen sich ihm ent-
                    gegen rottet.
Sie schienen, mit Thränen im warnenden Blick,
(Wie Schorasmin, wiewohl bey wenig Lichte,
Bemerken will) aus Mitleid sie zurück
Zu scheuchen, als sprächen sie: O, flieht ihr
                    armen Wichte!

15.

Nun! merkt ihr, (flüstert er zum Ritter) wie
                    es steht?
Und werdet ihr ein andermahl mir glauben?
Trifft's nicht ganz wörtlich ein? Die Thiere, die
                    ihr seht,
Die aus Erbarmen uns so stark entgegen schnauben,
Sind Menschen, sag' ich euch; und wenn ihr wei-
                    ter geht,
Glaubt mir, so haben wir den Kobold auf der
                    Hauben.
Seyd nicht so hart und rennt aus Eigensinn,
Trotz eines Freundes Rath, in euer Unglück hin!

16.

Wie, Alter? spricht der Held, ich geh' mit
diesen Schritten
Nach Bagdad, den Kalif um eine Hand voll Haar
Aus seinem Bart und vier von seinen Zähnen zu
bitten,
Und du verlangst, ich soll von ungewisser Fahr
Mich schrecken lassen? Wo ist dein Sinn geblieben?
Wer weifs, der Kobold ist vielleicht mein guter
Freund.
Mit diesen wenigstens ist's nicht so schlimm
gemeint;
Sieh, wie sie all' in einem Huy zerstieben!

17.

Indem er's sagt, so sprengt er auf sie zu,
Und alles weicht wie Luft und ist im Huy ver-
flogen.
Herr H ü o n und sein Führer zogen
Nun eine Weile fort in ungestörter Ruh,
Stillschweigend beide. Der Tag war nun gesunken,

Und ihren Mohnsaft gofs die braune Nacht herab;
Rings um sie lag schon alles schlummertrunken,
Und durch den ganzen Wald war's stille wie im
Grab.

18.

Zuletzt kann länger sich der Alte nicht ent-
brechen.
Herr, spricht er, stör' ich euch in einem Grillen-
plan,
So haltet mir's zu gut; 's ist eine meiner Schwä-
chen,
Ich läugn' es nicht; allein, im Dunkeln mufs ich
sprechen,
Das war so meine Art von meiner Kindheit an.
Es ist so stille hier als sey der grofse Pan
Gestorben. Tönte nicht der Hufschlag unsrer
Pferde,
Ich glaube dafs man gar den Maulwurf scharren
hörte.

19.

Ihr denkt ich fürchte mich; doch, ohne Prah-
lerey,
(Denn, was ein Mensch auch hat, so sind's am
Ende Gaben,
Auch leben manche noch, die es gesehen haben)
Wo Schwerter klirren, im Feld und im Turney,
Mann gegen Mann, auf Stechen oder Hauen,
Wär's auch im Nothfall zwey und drey
An fünf bis sechs, ich bin dabey!
Da kann man doch auf seine Knochen trauen.

20.

Kurz, hat ein Feind nur Fleisch und Blut,
Ich bin sein Mann! Allein, das muſs ich frey ge-
stehen,
Um Mitternacht an einem Kirchhof gehen
Das lupft ein wenig mir den Hut.
Gesetzt, so einem Geist, der querfeld mir begegnet,
Steht meine Fysionomie
Nicht an: was hilft mir Arm und Degen, *ven-
tregris!*
Wenn's unsichtbare Schläg' auf meinen Rücken
regnet?

21.

Gesetzt, wie man Exempel hat,
Ich hau' ihm auch den Schädel glatt vom Rumpfe;
Noch weil er rollt, stehn schon an dessen Statt
Zwey neue Köpfe auf dem Stumpfe.
Oft rennt sogar der Rumpf in vollem Lauf
Dem Kopfe nach, und setzt ihn' wieder auf
Als wär' es nur ein Hut, den ihm der Wind
                    genommen:
Nun bitt' ich euch, wie ist so einem beyzu-
                    kommen?

22.

Zwar, wie ihr wißt, so bald der Hahn
                    gekräht,
So ist's mit all dem Spuk, der zwischen eilf und
                    zwölfen
Im Dunkeln schleicht, Gespenstern oder Elfen,
Als hätte sie der Wind davon geweht.
Allein, der Geist der hier sein Wesen treibet,
Ist euch von ganz besonderm Schlag,
Hält offnen Hof, ißt, trinkt, und lebt und leibet
Wie unser eins, und geht bey hellem Tag.

23.

Um meine Neugier aufzuschrauben,
Hast du dein bestes gethan, erwiedert Siegwins
Sohn:
Man spricht von Geistern so viel, und lügt so viel
davon,
Daſs Laien unsrer Art nicht wissen was sio
glauben.
Einst kam an unsern Hof ein tief studierter Mann,
Der schwor uns hoch, es wäre gar nichts dran,
Und schimpfte weidlich los auf alle Geisterseher;
Auch hiefs ihn der Kaplan nur einen Manichäer.

24.

Sie disputierten oft bey einer Flascho Wein;
Doch, wenn das letzte Glas zu Kopf zu gehn
begonnte,
So mischten sie so viel Latein darein
Daſs unser einer kaum ein Wort verstehen konnte.
Da dacht' ich oft: schwatzt noch so hoch gelehrt,
Man weifs doch nichts als was man selbst erfährt;
Ich wollt' ein Geist erwiese mir die Ehre
Und sagte mir was an der Sache wäre.

25.

Indem sah unser wandernd Paar
Sich unvermerkt in einem Park befangen,
Durch den sich hin und her so viele Wege
              schlangen,
Dafs irre drin zu gehn fast unvermeidlich war.
Der Mond war eben itzt vollwangig aufgegangen,
Um durch ein trüglich Dunkelklar
Die Augen, die nach einem Ausweg irren,
Mit falschen Lichtern zu verwirren.

26.

Herr, sagte Scherasmin, hier ist's drauf
              angesehn
Uns in ein Labyrinth zu winden.
Der einz'ge Weg sich noch heraus zu finden,
Ist — auf gut Glück der Nase nachzugehn.
Der Rath (der weiser ist als mancher Klügling
              meinet)
Führt unsre frommen Wandrer bald
Zum Mittelpunkt, wo sich der ganze Wald
In einen grofsen Stern vereinet.

27.

Und in der Fern' erblicken sie in Büschen
Ein Schloſs, das, wie aus Abendroth gewebt,
Sich schimmernd in die Luft erhebt.
Mit Augen, worin sich Lust und Grauen mischen,
Und zwischen Traum und Wachen zweifelhaft
Schwebt H ū o n sprachlos da und gafft;
Als plötzlich auf die goldnen Thüren flogen
Und rollt' ein Wagen daher, den Leoparden zogen.

28.

Ein Knäbchen, schön, wie auf Cytherens
Schooſs
Der Liebesgott, saſs in dem Silberwagen,
Die Zügel in der Hand. — Da kommt er auf uns
los,
Mein bester Herr, ruft S c h o r a s m i n mit Zagen,
Indem er II ū o n s Pferd beym Zaume nach sich
zieht:
Wir sind verloren! flieht, o flieht!
Da kommt der Z w o r g! — Wie schön er ist!
spricht jener —
„Nur desto schlimmer! Fort! und wär er zehn-
mahl schöner.

29.

„Flieht, sag' ich euch, sonst ist's um uns
gethan!"
Der Ritter sträubt sich zwar, allein da hilft kein
Sträuben;
Der Alte jagt im schnellsten Flug voran
Und zieht ihn nach, und hört nicht auf zu
treiben,
Zu jagen über Stock und Stein,
Durch Wald und Busch, und über Zaun und
Graben
Zu setzen, bis sie aus dem Hain
Ins Freye sich gerettet haben.

30.

Mit Regen, Sturm und Blitz verfolgt ein Ungewitter
Die Fliehenden; die fürchterlichste Nacht
Verschlingt den Mond; es donnert, saust und
kracht
Rings um sie her, als schlüg's den ganzen Wald
in Splitter;

Kurz, alle Element' im Streit
Zerkämpfen sich mit zügellosem Grimme:
Doch mitten aus dem Sturm ertönt von Zeit zu
Zeit
Mit liebevollem Ton des Geistes sanfte Stimme.

31.

„Was fliehst du mich? Du fliehst vor deinem
Glück;
Vertrau dich mir, komm, Hüon, komm zurück!"
Herr, wenn ihr's thut, seyd ihr verloren,
Schreyt Scherasmin: fort, fort, die Finger in
die Ohren,
Und sprecht kein Wort! Er hat nichts Guts im
Sinn!
Nun geht's auf's neue los durch Dick und Dünn,
Vom Sturm umsaust, vom Regen überschwemmet,
Bis eine Klostermau'r die raschen Reiter hemmet.

32.

Ein neues Abenteu'r! der Tag da dieß geschah
War just das Nahmensfest der heil'gen Agatha,
Der Schützerin von diesem Jungfernzwinger.

Nun lag kaum einen Büchsenschuls
Davon ein Stift voll wohl genährter Jünger
Des heil'gen Abts Antonius;
Und beide hatten sich in diesen Abendstunden
Zu einer Betefahrt freundnachbarlich verbunden.

33.

'Sie kamen just zurück, als, nah am Kloster-
bühl,
Indem sie Paar und Paar in schönster Ordnung
wallten,
Der Rest des Sturms sie überfiel.
Kreuz, Fahnen, Skapulier, sind toller Winde Spiel,
Und strömend dringt die Flut bis in des Schleiers
Falten.
Umsonst ist alle Müh den Anstand zu erhalten;
Die Andacht reifst; mit komischem Gewühl
Rennt alles hin und her in seltsamen Gestalten.

34.

Hier wadet bis ans Knie geschürzt
Ein Nönnchen im Morast, dort glitscht ein Mönch
im Laufen,

Und, wie er sich auf einen Haufen
Von Schwesterchen, die vor ihm rennen, stürzt,
Ergreift er in der Angst die *Domina* beym Beine.
Doch endlich, als der Sturm sein äufserstes gethan,
Langt athemlos die ganze Korgemeine,
Durchnäfst und wohl bespritzt, im Klostervor-
hof an.

35.

Hier war noch alles voll Getümmel,
Als durch das Thor, das weit geöffnet stund,
Mein S c h e r a s m i n sich mitten ins Gewimmel
Der Klosterleute stürzt; denn auf geweihtem
Grund
Ist's, wie er glaubt, so sicher als im Himmel.
Bald kommt auch H ü o n nach; und, wie er gleich
den Mund
Eröffnen will, die Freyheit abzubitten,
So steht mit einem Blitz — der Z w e r g in ihrer
Mitten.

36.

Auf einmal ist der Himmel wolkenleer,
Und alles hell und mild und trocken wie vorher.

Schön, wie im Morgenroth ein neugeborner
Engel,
Steht er, gestützt auf einen Lilienstängel,
Und um die Schultern hängt ein elfenbeinern
Horn.
So schön er ist, kommt doch ein unbekanntes
Grauen
Sie alle an: denn Ernst und stiller Zorn
Wölkt sich um seine Augenbraunen.

37.

Er setzt das Horn an seine Lippen an,
Und bläst den lieblichsten Ton. Stracks übermannt
den Alten
Ein Schwindelgeist; er kann sich Tanzens nicht
enthalten,
Packt eine Nonne ohne Zahn,
Die vor Begierde stirbt ein Tänzchen mitzumachen,
Und hüpft und springt als wie ein junger Bock
So rasch mit ihr herum, daß Schleiertuch und
Rock
Weit in die Lüfte wehn, zu allgemeinem Lachen.

38.

Bald faſst die gleiche Wuth den ganzen Kloster-
stand;
Ein jeder Büſser nimmt sein Nönnchen bey der
Hand,
Und ein Ballet beginnt, wie man so bald nicht
wieder
Eins sehen wird. Die Schwestern und die Brüder
Sind keiner Zucht noch Regel sich bewuſst;
Leichtfert'ger kann kein Faunentanz sich drehen.
Der einz'ge H ü o n bleibt auf seinen Füſsen stehen,
Sieht ihren Sprüngen zu, und lacht aus voller
Bruſt.

39.

Da naht sich ihm der schöne Z w e r g, und
spricht
In seiner Sprach' ihn an, mit ernstem Angesicht:
Warum entfliehn vor mir, o H ü o n von G u y-
e n n e? —
Wie? du verstummst? Beym Gott des Himmels
den ich kenne,
Antworte mir! — Nun kehrt die Zuversicht

In Hüons Brust zurück. Was willst du mein?

erwiedert

Der Jüngling. — Fürchte nichts, spricht jener,

wer das Licht

Nicht scheuen darf, der ist mit mir verbrüdert.

40.

Ich liebte dich von deiner Kindheit an,

Und was ich Gutes dir bestimme,

An keinem Adamskind hab' ich es je gethan!

Dein Herz ist rein, dein Wandel ohne Krümme,

Wo Pflicht und Ehre ruft, fragst du nicht Fleisch

und Blut,

Hast Glauben an dich selbst, hast in der Prüfung

Muth:

So kann mein Schutz dir niemahls fehlen,

Denn meine Strafgewalt trifft nur befleckte Seelen.

41:

Wär' nicht diefs Klostervolk ein heuchlerisch

Gezücht,

Belög' ihr keuscher Blick, ihr leiser Bufston nicht

Ein heimlich strafbares Gewissen,

Sie ständen, trotz dem Horn, wie du, auf ihren
Füfsen.

Auch Scherasmin, für den sein redlich Auge
spricht,

Mufs seiner Zunge Frevel büfsen.

Sie alle tanzen nicht weil sie der Kitzel sticht.

Die Armen tanzen weil sie müssen.

42.

Indem beginnt ein neuer Wirbelwind

Den Faunentanz noch schneller umzuwälzen;

Sie springen so hoch, und drehn sich so
geschwind,

Dafs sie in eigner Gluth wie Schnee im Thauwind
schmelzen,

Und jedes zappelnde Herz bis an die Kehle
schlägt.

Des Ritters Menschlichkeit erträgt

Den Anblick länger nicht; er denkt, es wäre
Schade

Um all das junge Blut, und fleht für sie um
Gnade.

43.

Der schöne Zwerg schwingt seinen Lilienstab,
Und stracks zerrinnt der dicke Zauberschwindel;
Versteinert stehn Sankt Antons fette Mündel,
Und jedes Nönnchen, bleich als stieg' es aus dem
Grab,
Eilt, Schleier, Rock, und was sich sonst im
Springen
Verschoben hat, in Richtigkeit zu bringen.
Nur Scherasmin, zu alt für solchen Scherz,
Sinkt kraftlos um, und glaubt ihm berste gleich
das Herz.

44.

Ach! keicht er, gnäd'ger Herr, was sagt' ich
euch? — Nicht weiter,
Freund Scherasmin! fällt ihm der Zwerg ins
Wort:
Ich kenne dich als einen wackern Streiter,
Nur läuft zuweilen dein Kopf mit deinem Herzen
fort.
Warum, auf andrer Wort, so rasch mich zu ver-
lästern?

Fy.! graulich schon von Bart, an Urtheil noch so
jung!

Nimm in Geduld die kleine Züchtigung!

Ihr andern, geht, und büßt für euch und eure
Schwestern!

45.

Das Klostervolk schleicht sich beschämt davon.

Drauf spricht der schöne Zwerg mit Freundlichkeit zum Alten:

Wie? Alter, immer noch des Argwohns düstre
Falten?

Doch, weil du bieder bist, verzeiht dir Oberon.

Komm näher, guter alter Zecher,

Komm, faß' ein Herz zu mir und fürchte keinen
Trug!

Du bist erschöpft; nimm diesen Becher

Und leer' ihn aus auf Einen Zug.

46.

Mit diesem Wort reicht ihm der Elfenkönig

Ein Trinkgeschirr von feinem Gold gedreht.

Der Alte, der mit Noth auf seinen Beinen steht,

Stutzt, wie er leer es sieht, nicht wenig.

Ey, ruft der Geist, n o c h keine Zuversicht?

Frisch an den Mund, und trink, und zweifle
nicht!

Der gute Mann gehorcht, zwar nur mit halbem
Willen,

Und sieht das Gold sich flugs mit Wein von L a n-
g o n füllen.

47.

Und als er ihn auf Einen Zug geleert,

Ist's ihm; als ob mit wollustvoller Hitze

Ein neuer Lebensgeist durch alle Adern blitze,

Er fühlet sich so stark und unversehrt,

Als wie er war, da er, in seinen besten Jahren,

Mit seinem ersten Herrn zum heil'gen Grab
gefahren.

Voll Ehrfurcht und Vertraun fällt er dem schönen
Zwerg

Zu Fufs und ruft: Nun steht mein Glaube wie
ein Berg!

48.

Drauf spricht der Geist mit ernstem Blick zum
Ritter:
Mir ist der Auftrag wohl bekannt,
Womit dich Karl nach Babylon gesandt.
Du siehst, was für ein Ungewitter
Er dir bereitet hat; sein Groll verlangt dein Blut:
Allein, was du mit Glauben und mit Muth
Begonnen hast, dafs helf' ich dir vollenden;
Da, wackrer Hüon, nimm diefs Horn aus meinen
Händen!

49.

Ertönt mit lieblichem Ton von einem sanften
Hauch
Sein schneckengleich gewundner Bauch,
Und dräuten dir mit Schwert und Lanzen
Zehn tausend Mann, sie fangen an zu tanzen,
Und tanzen ohne Rast im Wirbel, wie du hier
Ein Beyspiel sahst, bis sie zu Boden fallen:
Doch, lässest du's mit Macht erschallen,
So ist's ein Ruf, und ich erscheine dir.

50.

Dann siehst du mich, und wär' ich tausend
Meilen
Von dir entfernt, zu deinem Beystand eilen.
Nur spare solchen Ruf bis höchste Noth dich
dringt.
Auch diesen Becher nimm, der sich mit Weine
füllet,
So bald ein Biedermann ihn an die Lippen bringt;
Der Quell versieget nie, woraus sein Nektar
quillet:
Doch bringt ein Schalk ihn an des Mundes Rand,
So wird der Becher leer, und glüht ihm in der
Hand.

51.

Herr Hüon nimmt mit Dank die wundervol-
len Pfänder
Von seines neuen Schützers Huld;
Und da er sich des Ostens Purpurränder
Vergülden sieht, forscht er mit Ungeduld,
Nach Babylon den kürzesten der Wege.

Zeuch hin, spricht O b e r o n, nachdem er ihn
belehrt;
Und daſs ich nie die Stunde sehen möge,
Da Hüons Herz durch Schwäche sich entehrt!

52.

Nicht daſs ich deinem Muth und Herzen
Miſstraue! aber, ach! du bist ein Adamskind,
Aus weichem Thon geformt, und für die Zukunft
blind!
Zu oft ist kurze Lust die Quelle langer Schmerzen!
-Vergiſs der Warnung nie, die O b e r o n dir gab!
Drauf rührt er ihn mit seinem Lilienstab,
Und Hüon sieht aus seinem liebevollen
Azurnen Augenpaar zwey helle Perlen rollen.

53.

Und wie er Treu' und Pflicht ihm heilig schwö-
ren will,
Entschwunden war der Waldgeist seinem Blicke,
Und nur ein Lilienduft blieb wo er stand zurücke.
Betroffen, sprachlos, steht der junge Ritter still,
Reibt Aug' und Stirn, wie einer, im Erwachen

Aus einem schönen Traum, sich sucht gewiss zu
machen,
Ob das, was ihn mit solcher Lust erfüllt,
Was wirklichs ist, ob nur ein nächtlich Bild?

54.

Doch, wenn er auch gezweifelt hätte,
Der Becher und das Horn, das ihm an goldner
Kette
Um seine Schultern hing, liess keinem Zweifel
Platz.
Der Becher sonderlich dünkt dem verjüngten Alten
Das schönste Stück im ganzen Feenschatz.
Herr, spricht er, (im Begriff den Bügel ihm zu
halten)
Noch einen Zug, dem guten Zwerg zum Dank!
Sein Wein, bey meiner Treu'! ist ächter Götter-
trank!

55.

Und nun, nachdem sie sich gestärkt zur neuen
Reise,
Ging's über Berg und Thal, nach alter Ritter
Weise,

Den ganzen Tag; und nur ein Theil der kurzen
Nacht

Wird unter Bäumen zugebracht.

So zogen sie, ohn' alles Abenteuer,

Vier Tage lang — der Ritter schön im Geist

Zu Babylon, und glücklich sein' Getreuer,

Daſs Siegwins Sohn es ist, dem er zur Seite
reist.

Varianten.

Stanze 1. vers 8.

Iu Ästen buhlt, und Theil u. s. w.

St. 2. v. 8.

Wenn hörtest du, dafs Franken je geflohn?

St. 4. v. 4.

(a) Dafs ihm ein Strom von Blut aus Mund
u. s. w.

St. 19. v. 7.

(a) An ihrer acht, ich bin dabey!

St. 20. v. 5.

(a) Setzt, einem Geist, u. s. w.

St. 21. v. 2.

(a) Ich hau' ihm auch den Schädel glatt vom
Leibe:

v. 4, 5.

(a) Ein andrer da. Oft rennt, als wie zum Zeit-
vertreibe,
Der Rumpf sogar in vollem Lauf

St. 22. v. 2.

(a) So ist's mit all dem Volk das u. s. w.

v. 5 — 7.

(a) Allein, der Spuk der hier sein Wesen treibet,
Ist euch ein Geist von ganz besonderm Schlag;
Der hält hier offnen Hof, u. s. w.

St. 23. v. 6 — 8.

(a) (Der Pfarrer nannt' ihn einen M — anichäer)
Der schwur, es wäre gar nichts dran,
Und schimpfte weidlich los auf alle Geisterseher.

St. 24.

(a) Sie zankten oft sich drum bey einer Flasche
Wein,

Und wenn das letzte Glas zu Kopf zu gehn
     begonnte,
So mischten sie so viel Latein und Griechisch
     drein
Daſs ich kaum dann und wann ein Wort verstehen
     konnte,
Gut, dacht' ich dann, ihr schwatzt wohl sehr
     gelehrt.
Allein, man weiſs doch nichts als was man selbst
     erfährt.
Ich wollte wohl, ein Geist erwiese mir die Ehre
Und käm' und sagte mir was an der Sache wäre.

St. 28. v. 1.

(a) Ein Knäblein, schön als wie auf seiner Mut-
     ter Schooſs

v. 7.

(a) — — — — Er ist so schön, u. s. w.

St. 30. v. 1, 2.

(a) Indem sie fliehn verfolgt sie ein Gewitter
Mit Regen, Sturm und Blitz. — —

St. 38. v. 2.

(a) Ein jeder Lollhart nimmt u. s. w.

St. 38 v. 4 — 8.

— — — Die Schwestern und die Brüder
Vergessen aller Zucht und Regel ganz und gar.
Es ist ein wahrer Tanz von Faunen und Mä-
naden;
Hier flieht ein Weyhel weg, dort winken runde
Waden,
Auch wohl noch mehr, und keine wird's gewahr.

Die folgende Stanze ist in die spätern Ausgaben nicht aufgenommen worden:

Der Ritter ganz allein steht fest auf seinen
Füssen,
Und lacht (wer hätt' auch hier nicht lachen
müssen?)
Aus voller Brust, dem Veitstanz zuzusehn;
Wie hoch die dicken Wänste hüpfen,
Wie flink die Nonnen daher auf kurzem Grase
schlüpfen,
Wie schnell und üppig sich die runden Hüften
drehn;
Kurz, wie, des Wohlstands quitt, dem sie aus
Zwang gefröhnet
Die liebe Natur sich tummelt, bäumt und dehnet,

St. 39. v. 1.

(a) Indessen naht sich ihm u. s. w.

St. 43. v. 8.

— — — und glaubt itzt berstet (jetzt berste)
ihm das Herz.

St. 44. v. 4.

Nur läuft dein Kopf manchmahl (zuweil') mit deinem Herzen fort.

St. 45. v. 2, 3.

(a) Drauf spricht der schöne Zwerg mit Huld
zu Scherasmine:
Wie? Alter, immer noch des Argwohns düstro
Miene?

St. 46. v. 5.

Ey, ruft der Zwerg, noch keine Zuversicht?

St. 47. v. 4.

(a) Er fühlt sich wieder so frisch, so stark und
unversehrt,

St. 51. v. 3 — 5.

(a) Und kaum vergülden sich des Ostens Purpurränder,

So forscht er schon, mit edler Ungeduld,
Von Oberon den kürzesten der Wege.

St. 54. v. 4.

(a) Zumahl der Becher dünkt dem neuverjüng-
ten Alten

O B E R O N

D R I T T E R G E S A N G.

1.

Am fünften, da ihr Weg sich durch Gebirge stahl,
Auf einmahl sehen sie in einem engen Thal
Viel reiche Zelten aufgeschlagen,
Und Ritter, mehr als zwanzig an der Zahl,
Die gruppenweis' umher in Palmenschatten lagen.
Sie ruhten, wie es schien, nach ihrem Mittagsmahl;
Indessen Helm' und Speer' an niedern Ästen hingen,
Und ihre Pferde frey im Grase weiden gingen.

2.

Kaum wird die ritterliche Schaar
Der beiden Reisigen noch auf der Höh' gewahr,
So raffen alle von der Erde
Sich eilends auf aus ihrer Mittagsruh,

Als ob zum Kampf geblasen werde.
Das ganze Thal wird reg' in einem Nu,
Man zittert hin und her, man läuft den Waffen zu,
Die Ritter rüsten sich, die Knappen ihre Pferde.

3.

Laſs sehen, spricht mein Held zu Scherasmin.
Was diese Ritterschaft, die dem Verdauungswerke
So friedlich obzuliegen schien,
In solche Unruh setzt. — Wir selber, wie ick
                                      merke,
Erwiedert jener: seyd auf eurer Hut.
Sie kommen uns in halbem Mond entgegen.
Herr H ü o n zieht mit kaltem Blut den Degen,
Freund, spricht er, d e r ist mir für allen Schaden
                          gut.

4.

Indem tritt aus dem Kreis, in seinem Wehrge-
                      schmeide,
Ein feiner Mann hervor, grüfst höflich unsre
                      beide,
Und bittet um Gehör. Mit Gunst, Herr Paladin!

Ein jeder, spricht er, ist hier angehalten worden,
Wer noch von unserm Stand und Orden
Seit einem halben Jahr in diesem Thal erschien.
Nun stehts in eurer Wahl, ein Speerchen hier zu
brechen,
Wo nicht, sogleich zu thun, warum wir euch
besprechen.

5.

Und was? fragt Huon züchtiglich.
Nicht weit von hier, spricht jener, mästet sich
In einer festen Burg der Riese Angulaffer;
Ein arger Christenfeind, ein wahrer Wütherich,
Auf schöne Frau'n erpichter als ein Kaffer,
Und, was das schlimmste ist, fest gegen Hieb und
Stich,
Kraft eines Rings, den er dem Zwerg genommen,
Aus dessen Park die Herren hergekommen.

6.

Mein Herr, ich bin ein Prinz vom Berge
Libanon.
Ich hatte mich dem Dienst der schönsten aller
Schönen

Drey Jahre sonder Minnelohn

Verdingt, bevor sie sich so viele Treu' zu krönen

Erbitten liefs: und wie ich nun als Bräutigam

Ihr eben itzt den Gürtel lösen wollte,

Da kam der Wehrwolf, nahm sie unterm Arm und

trollte

Vor meinen Augen weg mit meinem holden

Lamm.

7.

Fast sieben Mouden sind verflossen,

Seit ich zu ihrem Heil mein äufserstes versucht:

Allein der Eisenthurm, worein er sie verschlossen,

Wehrt mir den Zugang, ihr die Flucht.

Das Einz'ge, was von Amors süfser Frucht

Ich in der langen Zeit genossen,

War, Tage lang von fern auf einem Baum zu

lauern,

Und hinzusehn nach den verhafsten Mauern.

8.

Zuweilen däuchte mich sogar

Ich sehe sie, in losgebundnem Haar,

Am Fenster stehn, mit aufgehobnen Armen,

Als flehte sie zum Himmel um Erbarmen,
Mir fuhr ein Dolch ins Herz. Und die Verzweif-
lung nun
Trieb mich, seit jenem Tag, aus blofser Noth zu
thun
Was ihr erfahren habt, wie alle diese Streiter:
Kurz, ungefochten, Herr, kommt hier kein Ritter
weiter.

9.

'Gelingt es euch, was keinem noch gelang,
Aus meinem Sattel mich zu heben,
So seyd ihr frey und reiset ohne Zwang
Wohin ihr wollt: wo nicht, so müfst ihr'euch
ergeben,
Wie diese Herren hier, mir zu Gebot zu stehn,
Und keinen Schritt von hier zu gehn,
Bis wir das Abenteu'r bestanden
Und meine Braut erlöst aus Angulaffers Banden.

10.

Doch, wenn ihr etwa lieber schwört
In seinen Eisenthurm geraden Wegs zu dringen,
Und meine Angela allein zurück zu bringen,

So habt ihr freye Wahl, und seyd noch Dankes
werth.

Prinz, sprach der Paladin, was braucht's hier erst
zu kiesen?

Genug, dafs ihr die Ehre mir erwiesen!

Kommt, einen Ritt mit euch und eurer ganzen
Zahl,

Vom übrigen ein andermahl!

11.

Der schöne Ritter stutzt, doch läfst er sich's
gefallen:

Sie reiten, die Trompeten schallen,

Und, kurz, Herr Hüon legt mit einem derben
Stofs

Den Prinzen Libanons gar unsanft auf den Schoofs

Der guten alten Mutter Erde.

Drauf kommen nach der Reih' die edeln Knechte
dran;

Und als er ihnen so wie ihrem Herrn gethan,

Hebt er sie wieder auf mit höflicher Geberde.

12.

Bey Gott, Herr Ritter, (spricht, indem er zu
ihm hinkt,
Der Cedernprinz) ihr seyd ein scharfer Stocher!
Doch Basta! eure Hand! Kommt, weil der Abend
winkt,
Zum brüderlichen Mahl und zum Versöhnungs-
becher.
Herr Huon nimmt den Antrag dankbar an:
Drey Stunden flogen weg mit Trinken und mit
Scherzen;
Und, wie die Ritter ihn so schön und höflich
sahn,
Verziehn sie ihm ihr Rippenweh von Herzen.

13.

Itzt, spricht er, liebe Herr'n und Freunde, da
ich euch
Was mein war ehrlich abgewonnen,
Itzt, sollt ihr wissen, geht's geraden Weges
gleich
Dem Riesen zu. Ich war's vorhin gesonnen,
Und thu' es nun mit desto gröfserer Lust,

Weil einem Biedermann ein Dienst damit geschiehet.
Drauf dankt er dafs sie sich so viel mit ihm
bemühet,
Und drückt der Reihe nach sie all' an seine Brust. -

14.

Und als sie ihm zur Burg des ungeschlachten
Riesen
Durch einen Föhrenwald den nächsten Weg ge-
wiesen,
Entläſst er sie, mit der Versicherung,
Sie sollten bald von ihrer Dame hören.
Lebt wohl, ihr Herr'n! — „Viel Glücks!" — Und
nun in vollem Sprung
Zum Wald hinaus. Kaum röthete die Föhren
Die Morgensonn', als ihm im blachen Feld
Ein ungeheurer Thurm sich vor die Augen stellt.

15.

Aus Eisen schien das ganze Werk gegossen,
Und ringsum war's so fest verschlossen,

Daſs nur ein Pförtchen, kaum zwey Fuſs breit,
          offen stand;
Und vor dem Pförtchen stehn, mit Flegeln in der
          Hand,
Zwey hochgewaltige metallene Kolossen,
Durch Zauberey belebt, und dreschon unver-
          drossen
So hageldicht, daſs zwischen Schlag und Schlag
Sich unzerknickt kein Lichtstrahl drängen mag.

16.

Der Paladin bleibt eine Weile stehen;
Und, wie er überlegt was anzufangen sey,
Läſst eine Jungfrau sich an einem Fenster sehen,
Und winkt gar züchtiglich ihn mit der Hand
          herbey.
Ey ja! ruft S c h e r a s m i n, die Jungfer hat gut
          winken;
Ihr werdet doch kein solcher Waghals seyn?
Seht ihr die Schweizer nicht zur Rechten und zur
          Linken?
Da kommt von euch kein Knochen ganz hinein!

17.

Doch H ü o n hielt getreu an seiner Ordens-
                                        regel,
Dem Satan selber nicht den Rücken zuzudrehn.
Hier, denkt er, ist kein Rath als mitten durch
                                  die Flegel
Geradezu aufs Pförtchen los zu gehn.
Den Degen hoch, die Augen zugeschlossen,
Stürzt er hinein; und, wohl ihm! ihn verführt
Sein Glaube nicht; die ehernen Kolossen
Stehn regungslos, so bald er sie berührt.

18.

Kaum ist der Held hinein gegangen,
Indessen Scherasmin im Hof die Pferde hält,
So eilt die schöne Magd den Ritter zu empfangen;
Mit schwarzen Haaren, die ihr am Rücken nieder-
                                      hangen,
In weißem Atlasrock, der bis zur Erde fällt,
Und den am leicht bedeckten Busen
Ein goldnes Band zusammen hält,
Das zierlichste Modell zu Grazien oder Musen!

19.

Was für ein Engel, (spricht, indem sie seine
Hand
Nur kaum berührt, das Mädchen süfs erröthend)
Was für ein Engel, Herr, hat euch mir zugesandt?
Ich stand am Fenster just, zur heil'gen Jungfrau
betend,
Als ihr erschient. Gewifs hat Sie's gethan,
Und als von Ihr geschickt nimmt Angela euch an.
Von Ihr, die schon so oft sich meiner ange-
nommen,
Zur Hülfe mir gesandt, seyd tausendmahl will-
kommen!

20.

Nur lafst uns nicht verziehn; denn jeder Augenblick
Ist mir verhafst, den wir in diesem Kerker
weilen.
Ich komme nicht, spricht Hüon, so zu eilen:
Wo ist der Ries'? — O der, versetzt sie, liegt,
zum Glück,

In tiefem Schlaf, und wohl, daſs ihr ihn so
getroffen;
Denn, ist er wieder auferweckt,
Vergebens würdet ihr ihm obzusiegen hoffen,
So lang' der Zauberring an seinem Finger steckt.

21.

Doch diesen Ring ihm sicher abzunehmen
Ist's noch gerade Zeit: „Wie so?" — Der tiefe
Schlaf,
Der täglich drey - bis viermahl ihn zu lähmen
Und zu betäuben pflegt, ist kein gemeiner Schlaf.
Ich will euch, weil noch wohl zwey ganze Stun-
den fehlen
Bis er erwacht, die Sache kurz erzählen.
Mein Vater, Balazin von Frygien genannt,
Ist Herr von Jericho im Palästinerland.

22.

Beynah vier Jahre sind's, seit mich Alexis
liebte,
Der schönste Prinz vom Berge Libanon;
Und wenn ich ihn durch Sprödethun betrübte,

So wufste, glaubet mir, mein Herz kein Wort
davon:
Es fiel mir schwer genug! Doch, in den ersten
Wochen
Hatt' ich's der heiligen Alexia versprochen,
Nur, wenn der Prinz drey Jahre keusch und
rein
Mir diente, anders nicht, die Seinige zu seyn.

23.

Ganz heimlich ward er mir mit jedem Tage
lieber;
Die Prüfungszeit war lang, allein sie ging vor-
über;
Ich ward ihm angetraut, — und kurz, schon
sahen wir
Ins Brautgemach zusammen uns verschlossen:
Auf einmahl flog im Sturm die Kammerthür
Erdonnernd auf, der Riese kam geschossen,
Ergriff mich, floh, und sieben Monden schier
Sind, seit mich dieser Thurm gefangen hält, ver-
flossen.

24.

Zu wissen, ob der Ries' es mir so leicht
                    gemacht
Ihm Stürme ohne Zahl beständig abzuschlagen,
Müfst ihr ihn selber sehn. Mein Herr, was soll
                    ich sagen?
Stets angefochten, stets den Sieg davon zu tragen,
Ist schwer. Einst, da er mich in einer Mond-
                    scheinsnacht
(Noch schaudert's mich!) aufs äufserste gebracht,
Fiel ich auf meine Knie, rief mit gerungnen
                    Händen
Die Mutter Gottes an, mir Hülfe zuzusenden.

25.

Die holde Himmelskönigin
Erhörte mich, die Jungfrau voller Gnaden.
Getroffen wie vom Blitz sank der Versucher hin,
Und lag, ohnmächtig mir zu schaden,
Sechs ganzer Stunden lang. So oft, seit dieser
                    Zeit,
Er den verhafsten Kampf erneut,

Erneu't das Wunder sich; stracks muss sein Trotz
sich legen,
Und nichts vermag sein Zauberring dagegen.

26.

Diess war erst heute noch der Fall; und nach
Verlauf
Der sechsten Stunde (vier sind schon davon ver-
loffen)
Steht er zu neuem Leben auf,
So frisch und stark, als hätt' ihn nichts betroffen.
Des Ringes Werk' ist diess. So lang' ihn der
beschützt,
Kann ihm am Leben nichts geschehen.
Ihr glaubt nicht was der Ring für Tugenden
besitzt!
Allein, was hält euch, selbst das alles anzu-
sehen?

27.

Nun ging's dem Ritter just wie euch.
Er hatte sich, nach Angulaffers Nahmen,
Ein Unthier vorgestellt aus Titans rohem Samen,

Den wilden Erdensöhnen gleich,
Die einst, den Göttersitz zu stürmen,
Den hohen Pelion zusammt den Wurzeln aus
Der Erde rissen, um ihn dem Ossa aufzu-
thürmen:
Nun ward ein Mann von sieben Fuß daraus.

28.

Habt ihr das Götterwerk von Glykon je
gesehen,
Den grofsen Sohn der langen Wundernacht,
Im Urbild, oder nur in Gyps nachgemacht.
So denkt, ihr seht den Mann leibhaftig vor euch
stehen,
Der in der schönen Mondscheinsnacht
Die arme Angela aufs äufserste gebracht.
Ihn hätte, wie er lag, von unsern neuern Alten
Der Schlauste für ein Bild vom Herkules gehalten.

29.

Für einen Herkules in Ruh,
Als er dem Augias den Marmorstall gemistet;
So breit geschultert, hoch gebrüstet

Lag Angulaffer da; auch traf die Kleidung zu.

Der Ritter stutzt: denn in den Alterthümern

Lag seine Stärke nicht; und so, vorm keuschen
Blick

Des Tages, im Kostum der Heldenzeit zu schimmern,

Däucht ihm ein wahres Heidenstück.

30.

Nun, flüstert ihm die Jungfrau, edler Ritter,

Was zögert ihr? Er schläft. Den Ring, und einen
Hieb,

So ist's gethan! — „Dazu ist mir mein Ruhm
zu lieb,

Ein Feind, der schlafend liegt, und nackter als
ein Splitter,

Schläft sicher neben mir: erst wecken will ich
ihn."

So macht euch wenigstens zuvor des Ringes
Meister,

Spricht sie. Der Ritter naht, den Reif ihm abzu-
ziehn,

Und macht, unwissend, sich zum Oberherrn der
Geister.

31.

Der Ring hat, aufser mancher Kraft
Die Hüon noch nicht kennt, auch diese Eigen-
schaft,
An jeden Finger straoks sich biegsam anzufügen;
Klein oder grofs, er wird sich dehnen oder
schmiegen
Wie's nöthig ist. Der Paladin begafft
Den wundervollen Reif mit schau'rlichem Ver-
gnügen,
Fafst drauf des Riesen Arm, und schüttelt ihn mit
Macht
So lang' und stark, bis er zuletzt erwacht.

32.

Kaum fängt der Riese sich zu regen an, so
fliehet
Die Tochter Balazins mit einem lauten
Schrey.
Herr Hüon, seinem Muth und Ritterstande treu,
Bleibt ruhig stehn. Wie ihn der Heide siehet,
Schreyt er ihn grimmig an: Wer bist du, kleiner
Wicht,

Der meinen Morgenschlaf so tollkühn unterbricht?
Dein Köpfchen muß, weil du's von freyen Stücken
Mir vor die Füße legst, dich unerträglich jücken?

33.

Steh auf und waffne dich, versetzt der Paladin,
Dann, Prahler, soll mein Schwert dir Antwort
geben!
Der Himmel sendet mich zur Strafe dich zu ziehn;
Das Ende naht von deinem Sündenleben.
Der Riese, da er ihn so reden hört, erschrickt
Indem er seinen Ring an Hüons Hand erblickt.
Geh, spricht er, eh' mein Blut beginnt zu sieden.
Gieb mir den Ring zurück und ziehe hin in
Frieden.

34.

Ich nahm dir nur was du gestohlen ab,
Und dem er angehört werd' ich ihm wieder geben,
Spricht Hüon; ich verschmäh' ein so geschenktes
Leben;
Steh auf und rüste dich, und komm mit mir
herab! —

„Du hättest mich im Schlaf ermorden können,
Versetzt der Reck' in immer sanfterm Muth;
Du bist ein Biedermann; mich dau'rt dein junges
                              Blut,
Gieb mir den Ring, den Kopf will ich dir gönnen."

35.

Feigherziger, ruft Hüon, schäme dich,
Vergebens bettelst du! Stirb, oder, wenn du
                              Leben
Verdienst, verdien' es ritterlich!
Jetzt springt der Unhold auf, daſs selbst die Mauern
                              beben;
Sein Auge flammet wie der offne Höllenschlund,
Die Nase schnaubt, Dampf fährt aus seinem Mund;
Er eilt hinweg den Panzer anzulegen,
Der undurchdringlich ist selbst einem Zauberdegen.

36.

Der Ritter steigt herab, und ungesäumt
                              erscheint
Ganz in verlupptem Stahl sein trotzig sichrer
                              Feind,

Der in der Wuth vergafs, dafs vor des Ringes
Blitzen
Ihn keine Zauberwaffen schützen.
Allein der erste Stofs, den Hüons gutes Schwert
Auf seinen Harnisch führt, giebt ihm die Todes-
wunde;
Das Blut schiefst wie ein Strom den Hals empor,
und sperrt
Des Athems Weg in seinem weiten Schlunde.

37.

Er fällt, wie auf der Stirn des Taurus eine
Fichte
Im Donner stürzt: der Thurm, das Feld umher
Erbebt von seinem Fall; er fühlt sich selbst nicht
mehr,
Sein starrend Auge schliefst auf ewig sich dem
Lichte,
Und den verruchten Geist, von Frevelthaten
schwer,
Schon schleppen Teufel ihn zum schrecklichen Ge-
richte.

Der Sieger wischt vom blutbefleckten Stahl
Das schwarze Gift, und eilt zur Jungfrau in den
Sahl.

38.

Heil euch, mein edler Herr! ihr habt mich
wohl gerochen,
Ruft Angela, indem sie sich entzückt
Zu seinen Füfsen wirft, so bald sie ihn erblickt:
Und dir, die ihn zum Retter mir geschickt,
O Himmelskönigin, sey es hiermit versprochen,
Der erste Sohn, mit dem ich in die Wochen
Einst komme, werd', in klarem dichtem Gold,
So schwer er ist, zum Opfer dir gezollt!

39.

Herr Hüon, als er sie gar ehrbar aufgehoben,
Erwiedert ihren Dank mit aller Höflichkeit
Der guten alten Ritterszeit,
Die zwar so fein, wie unsre, nicht gewoben,
Doch desto derber war, und besser Farbe hielt.

Des Ritters grofse Pflicht war Jungfrau'n zu
bes hützen,
Und, wenn sein Herz sich gleich unangemuthet
fühlt,
Auf jeden Ruf sein Blut für jede zu verspritzen.

40.

Die Dame hatte noch nicht Zeit und Ruh
genug
Gehabt, den jungen Mann genauer zu erwägen;
Itzt, da sie ihn erbat die Waffen abzulegen,
Itzt hätte sie sich gleich mehr Augen wünschen
mögen
Als Junons Pfau in seinem Schweife trug,
So sehr däucht ihr der Ritter, Zug für Zug,
Von Kopf zu Pufs, an Bildung und Geberden,
An Grofsheit und an Reitz, der erste Mann auf
Erden.

41.

Nicht, dafs sie just mit jemand ihn verglich
Der zwischen ihm und ihrem Herzen stünde;
Ganz arglos überliefs sie ihren Augen sich,

Und bloſses Sehn ist freylich keine Sünde.
Kein Skrupel störte sie in dieser Augenlust,
So sanft spielt noch um ihre junge Brust
Der süſse Trug; denn, was sie sicher machte
War, daſs ihr Herz nicht an Alexis dachte.

42.

Ein Glück für dich, unschuld'ge Angela,
Daſs keiner deiner Blick' in Hüons Busen Zunder
Zum Fangen fand.   Und freylich war's, kein
                                Wunder:
Denn, kam ihr auch, wie dann und wann geschah,
Der seinige auf halbem Weg entgegen,
So war's der Blick von einem Haubenkopf;
Er hätt' auf einen Blumentopf,
Auf ein Tapetenbild, nicht kälter fallen mögen.

43.

Ein unbokanntes Was, das ihn wie ein Magnet
Nach Bagdad zieht, scheint allen seinen Blicken
Die scharfe Spitze abzuknicken,
Und macht, daſs jeder Reitz an ihm verloren
                                geht,

Vergebens ist ihr Wuchs wie eine schöne Vase
Von Amors eigner Hand gedreht;
Vergebens schließt die sanft erhobne Nase
Sich an die glatte Stirn in stolzer Majestät:

44.

Umsonst hebt ihre Brust, gleich einem Doppel-
hügel
Von frischem Schnee, um den ein Nebel graut,
Den dünnen weißen Flor; umsonst ist ihre Haut
So rein und glatt als wie ein Wasserspiegel,
Worin im Rosenschmuck Aurora sich beschaut:
Vergebens hat ihr königliches Siegel
Die Schönheit jedem Theil so sichtbar aufgedrückt,
Daß ihr Gewand sie weder deckt noch schmückt. .

45.

Kurz, Angela mit allen ihren Reitzen
Ist ihm vergebens schön und jung;
Und, ferne nach Verlängerung
Der holden Gegenwart zu geitzen,
Wünscht er mit jedem Augenblick

In ihres Bräut'gams Arm recht herzlich sie zurück,
Und kann zuletzt sich nicht entbrechen,
Da Sie nichts sagt, ihr selbst davon zu sprechen.

46.

Kaum daſs er ihr dazu Geleit und Schutz ver-
sprach,
Und ihre Lippen sich in Dank dafür ergossen:
Als ein Getös von Reisigen und Rossen
Im Hof der Burg sie plötzlich unterbrach,
Schon trampelt's laut die langen Wendelstiegen
Herauf. Die junge Frau erschrickt — „Wer kann
es seyn?"
Doch bald zerschmilzt ihr Schrecken in Vergnügen,
Denn, siehe da! Alexis tritt herein.

47.

Ihm war, zwar etwas spät, zu Sinne
Gestiegen, daſs es ihm nicht allzu rühmlich sey,
Wenn Hüon seine Braut dem Recken abgewinne,
Indessen, weit vom Schuſs, mit seiner Reiterey

Er, ihr Gemahl, im Schatten, frank und frey,
Sein zärtlich Blut mit Palmenwein verdünne:
Auch konnte ja (wer wird dafür ihm stehn?)
Der Ritter gar davon mit seinem Engel gohn.

48.

Demnach, so hat er, stracks als ihm sein Ohr
gesungen,
Mit seiner Ritterschaft zu Pferde sich geschwungen,
Und kam in vollem Trab, falls etwa die Gefahr
Durch Hüons Tapferkeit bereits vorüber war,
Die Schöne in Empfang zu nehmen,
Dem fremden Ritter Gottes Lohn
Zu wünschen, und — ein wenig sich zu schämen;
(Denkt ihr) allein, er war ein Prinz von Libanon.

49.

Herr Hüon, unverhofft des Umwegs über-
hoben
Mit Angela zurück ins Palmenthal zu gehn,
Läfst von den schönen Herr'n sich in die Wette
loben,

Und fühlt sich just dabey so gut, als ob man ihn

Gescholten hätt'. Und nun, die Wohlthat zu vollenden,

Wird, durch des Ringes Kraft, von unsichtbaren
Händen

Mit allem was den Gaum ergetzt

Ein grofser runder Tisch in Überflufs besetzt.

50.

Ah, ruft die schöne Braut, schier hätt' ich es
vergessen:

Herr Ritter, ehe wir zum Essen

Uns setzen, geht und schliefst mit eigner Hand
geschwind

Des Riesen Harem auf; denn funfzig Jungfern
sind

Noch aufser mir in diesem Thurm verwahret;

Der schönste Mädchenflor, ein wahres Tulpen-
beet!

Er hatte sie für seinen Mahomed

Zu Opfern, denk' ich, aufgesparet.

51.

Der Harem thut sich auf, und zeigt, in vollem
Putz

Und buntem lieblichem Gewimmel,

Ein wahres Bild von Mahoms lust'gem Himmel,

Herr Hüon läfst die Damen all' im Schutz

Der schönen Herr'n, und ist schon weit davon
geritten,

Da' hinter ihm noch alles lärmt und schnarrt,

Die Ehre seiner Gegenwart

Sich wenigstens zur Tafel auszubitten.

52.

Schon schlich, indefs in Grau das Abendroth
zerflofs,

Der stille Mond herauf am Horizonte,

Als Hüon, weil sein Gaul nicht länger laufen
konnte,

An einem schönen Platz zu ruhen sich entschlofs.

Er sieht sich auf der grünen Erde

Nach einem Lager um, indessen für die Pferde

Sein Alter sorgt. Auf einmahl steht, ganz nah,

Ein prächtiges Gezelt vor seinen Augen da.

53.

Ein reicher Teppich liegt, so weit es sich ver-
breitet,

—Auf seinem Boden ausgespreitet,

Mit Polstern rings umher belegt,

Die, wie beseelt von innerlichem Leben,

Bey jedem Druck sanft blähend sich erheben.

Ein Tisch von Jaspis, den ein goldner Dreyfuß
trägt,

Steht mitten drin, und, was dem essenslust'gen
Magen

Zum Göttertisch ihn macht, das Mahl ist aufge-
tragen.

54.

'Der Ritter bleibt wie angefroren stehn,

Winkt Scherasmin herbey, und fragt ihn, was
er sehe?

O, das ist leicht, erwiedert der, zu sehn:

Freund Oberon ist sichtlich in der Nähe.

Wir hätten ohne ihn die Nacht,

Anstatt uns nun in Schwanenflaum zu senken,

Auf unsrer Mutter Schoofs so sanft nicht zùge-
bracht.

Das nenn' ich doch an seine Freunde denken!

55.

Kommt, lieber Herr, nach dieser langen Fahrt
Schmeckt Ruhe süfs; lafst hurtig euch entgürten!
Ihr seht, der schöne Zwerg hat keinen Fleifs
gespart,
Wiewohl im Flug, uns herrlich zu bewirthen.
Herr Hüon folgt dem Rath. Sie lagern beide
sich
Halb sitzend um den Tisch, und schmausen rit-
terlich;
Auch wird, beym Sang Gaskonscher froher Lieder,
Der Becher fleifsig leer und füllt sich immer
wieder.

56.

Bald löset unvermerkt des Schlafes weiche
Hand
Der Nerven sanft erschlafftes Band.
Indem erfüllt, wie aus der höchsten Sfäre,

Die lieblichste Musik der Lüfte stillen Raum.
Es tönt als ob ringsum auf jedem Baum
Ein jedes Blatt zur Kehle worden wäre,
Und Mara's Engelston, der Zauber aller Seelen,
Erschallte tausendfach aus allen diesen Kehlen.

57.

Allmählich sank die süße Harmonie,
Gleich voll, doch schwächer stets, herunter bis
           zum Säuseln
Der sanftsten Sommerluft, wenn kaum sich ie
           und ie,
Ein Blatt bewegt und um der Nymfe Knie
Im stillen Bache sich die Silberwellen kräuseln.
Der Ritter, zwischen Schlaf und Wachen, hö-
           ret sie
Stets leiser wehn, bis unter ihrem Wiegen
Die Sinne unvermerkt dem Schlummer unter-
           liegen.

58.

Er schlief in Einem fort, bis, da der frühe
           Hahn
Aurorens Rosenpferde wittert,

Ein wunderbarer Traum sein Innerstes erschüttert.
Ihm däucht, er geh' auf unbekannter Bahn,
Am Ufer eines Stroms, durch schattige Gefilde;
Auf einmahl steht vor ihm ein göttergleiches Weib,
Im grofsen Auge des Himmels reinste Milde,
Der Liebe Reitz um ihren ganzen Leib.

59.

Was er empfand ist nicht mit Worten auszu-
drücken,
Er, der zum ersten Mahl itzt Amors Macht empfand,
Und athemlos, entgeistert vor Entzücken,
Sein Leben ganz in seinen Blicken,
Im Boden eingewurzelt stand,
Sie noch zu sehen glaubt, nachdem sie schon ver-
schwand,
Und, da der süfse Wahn zuletzt vor ihm zer-
fliefset,
Nichts mehr zu sehn die Augen sterbend schliefset.

60.

Betäubt, in fühlbar'm Tod, lag er am Ufer da
In seinem Traum: als ihn bedünkt, er spüre
Dafs eine warme Hand sein starres Herz berühre.

Und, wie vom Tod erweckt, erhob er sich und
sah
Die Schöne abermahl zu seiner Seite stehen,
Die keiner Sterblichen in seinen Augen gleicht,
Und dreymahl schöner, wie ihm däucht,
Und holder als er sie zum ersten Mahl gesehen.

61.

Stillschweigend schauten sie einander beide an,
Mit Blicken, die sich das unendlich stärker sagten,
Was ihre Lippen noch nicht auszusprechen
wagten.
Ihm ward in ihrem Aug' ein Himmel aufgethan.
Wo sich in eine See von Liebe
Die Seele taucht. Bald wird das Übermaſs der
Lust
Zum Schmerz: er sinkt im Drang der unaufhalt-
bar'n Triebe
In ihren Arm, und drückt sein Herz an ihre Brust.

62.

Er fühlt der Nymfe Herz an seinem Busen
schlagen,
Der Glückliche! wie schnell, wie stark, wie warm!

Und — plötzlich hört es auf zu tagen,
Auf schwarzen Wolken rollt des Donners Feuer-
  wagen,
Laut heulend bebt der Stürme wilder Schwarm;
Von unsichtbarer Macht wird schnell aus seinem
  Arm
Im Wirbelwind die Nymfe fortgerissen,
Und in die Flut des nahen Stroms geschmissen.

63.

Er hört ihr ängstlich Schrey'n, will nach —
  o Höllenpein!
Und kann nicht! steht, entseelt vor Schrecken,
Starr wie ein Bild auf einem Leichenstein.
Vergebens strebt er, keicht, und ficht mit Arm
  und Bein;
Er glaubt in Eis bis an den Hals zu stecken,
Sieht aus den Wellen sie die Arme bittend strecken,
Und kann nicht schrey'n, nicht, wie der Liebe
  Wuth
Ihn spornt, ihr nach sich stürzen in die Flut.

64.

Herr! ruft ihm S c h e r a s m i n, da er sein ban-
                                    ges Schnauben
Vernimmt, erwacht, erwacht! ein böser Traum
Schnürt euch die Kehle zu. — Fort, Geister, macht
                                    mir Raum,
Schreyt H ü o n, wollt ihr mir auch ihren Schatten
                                    rauben?
Und wüthend fährt er auf aus seinem Traumge-
                                    sicht;
Noch klopft von Todesangst umfangen
Sein stockend Herz, er starrt ins Tageslicht
Hinaus, und kalter Schweiß liegt auf den bleichen
                                    Wangen.

65.

Das war ein schwerer Traum, ruft ihm der
                                    Alte zu:
Ihr lagt vermuthlich wohl zu lange auf dem
                                    Rücken?
Ein Traum? seufzt S i e g w i n s S o h n mit minder
                                    wilden Blicken,

Das war's! allein ein Traum, der meines Herzens
Ruh
Auf ewig raubt! — „Das wolle Gott ver-
wehren,
Mein bester Herr!" — Sag' mir im Ernste,
(spricht
Der Ritter ernstvoll) glaubst du nicht
Daß Träume dann und wann der Zukunft uns
belehren?

66.

Man hat Exempel, Herr, — und wahrlich, seit
ich euch
Begleite, läugn' ich nichts, erwiedert ihm der
Alte.
Doch, wenn ich euch die reine Wahrheit gleich
Gestehen soll, so sag' ich frey, ich halte
Nicht viel von Träumen. Fleisch und Blut
Hat, wenigstens bey mir, sein Spiel so oft ich
träume:
Dieß wußten unsre Alten gut,
Und lehrten's uns im wohl bekannten Reime.

67.

Inzwischen, wenn ihr mir den Inhalt eures
Traums
Vertrautet, könnt' ich euch vielleicht was bessers
reimen.
Das will ich auch, spricht Huon, ohne Säumen.
Kaum röthet noch den Gipfel jenes Baums.
Der Morgenstrahl. Wir haben Zeit zum Werke.
Nur reiche mir zuvor den Becher her,
Damit ich meine Geister stärke:
Es liegt mir auf der Brust noch immer zentner-
schwer.

68.

Indefs der wundervolle Becher
Den Ritter labt, sieht ihn der Alte, still,
Als einer an, dem's nicht gefallen will,
Den wackern Sohn des braven Siegwins schwächer,
Als einem Manne ziemt, zu sehn.
Ey (denkt er bey sich selbst, kopfschüttelnd) im
Erwachen
Noch so viel Werks aus einem Traum zu machen!
Doch, weil's nun so ist, mag's zum Frühstück
immer gehn!

Varianten.

Stanze 2. vers 8.

(*a*) Hier wapnen Ritter sich, dort Knappen ihre
Pferde.

St. 3. v. 1.

Lafs sehen, spricht der Paladin,

v. 3.

(*a*) So friedsamlich kaum obzuliegen schien,

v. 5.

Erwiedert Scherasmin; seyd wohl auf euror Hut,

St. 4. v. 3 — 8.

— — Herr Ritter lobesam,
Spricht er, wer noch von unserm Stand nnd Ordon
Von ungefähr zu diesen Zelten (in diese Gegend)
kam,

Ist von uns angehalten worden.

Es steht in eurer Wahl, ein Speerchen hier zu

brechen,

Wo nicht, zu thun, warum u. s. w.

St. 5. v. 5.

Auf schöne Frauen wie ein Kaffer,

v. 8.

Aus dessen Park die Herrn vermuthlich hergekom-

men (kommen)

St. 6. v. 2 — 5.

(*a*) Ich hatte mich dem Dienst der Schönen aller

Schönen.

(*a.b*) Drey Jahre lang verdingt, und ohne Minne-

lohn,

(*a*) Bis sie erflehn sich liefs, so viele Treu zu

krönen.

(*b*) Eh' sie erbittlich war, so viele u. s. w.

(*a. b*) Doch in der Hochzeitsnacht, da ich als

Bräutigam

(*a*) Ihr gleich den Gürtel lösen wollte,

St. 7. v. 1.

Sechs Monden sind nunmehr (bereits) verflossen,

St. 7. v. 3.

Weh mir! der eiserne Thurm (Eisenthurm) u. s. w.

v. 5, 6.

(*a*) Das einz'ge was ich noch von Amors süfser

Frucht

(*b*) Das einzige was ich von Amors u. s. w.
In dieser u. s. w.

St. 9. v. 5 — 7.

(*a*) — — — mir zu Gebot zu leben,
Und nicht von hier zu gehn, so lang
Bis wir u. s. w.

St. 13. v. 2.

(*a*) Was mein war ohnediefs, so redlich abgewonnen,

St. 14. v. 5.

Ade, ihr Herrn! u. s. w.

v. 8.

(*a*) Ein ungeheurer Thurm von Ferne dar sich
stellt.

St. 15. v. 8.

(*a*) Sich unzerknickt sogar kein Lichtstrahl u. s. w.

St. 16. v. 4, 5.

(*a*) Die winkt gar züchtiglich u. s. w.
Mein Treu! ruft Scherasmin, u. s. w.

v. 7.

Seht ihr die Schweizer nicht mit ihren langen
Zinken?

St. 17. v. 2, 3.

(*a*) Dem Satan selber nie, den Rücken zuzudrehn.
Hier, denkt er, hilft sonst nichts als mitten u. s. w.

St. 18. v. 5.

(*a*) Im langen weifsen Rock u. s. w.

St. 21. v. 1, 2.

(*a*) Jedoch, den Ring ihm sicher abzunehmen
(*a. b*) Ist's just noch Zeit. „Wie so?" — Der
Schlaf,

St. 22. v. 3.

(*a*) Und wenn ihn, wie er sagt, mein Sprödethun betrübte,

St. 24. v. 7.

(*a*) Fiel ich auf meine Knie, und rief mit wunden
Händen

St. 25. v. 5.

(a) Sechs Stunden lang betäubt. u. s. w.

St. 27. v. 6.

(a) Den hohen Pelion mit sammt den Wurzeln
u. s. w.

St. 28. v. 5 — 7.

(a) Den Mann, der in der Mondscheinsnacht
Das arme Kind so ins Gedräng gebracht.
So wie er lag, hätt' ihn von unsern neuern Alten

St. 29. v. 7.

(a) — — Im Gewand der rohen Natur zu
schimmern,

St. 33. v. 7. 8.

Gieb, spricht er, mir den Ring zurücke,
Und geh im Frieden, geh, und dank es deinem
Glücke.

St. 34. v. 2 — 4.

Und dem er angehört, werd' ich ihn wieder
schaffen,

Spricht Siegwins Sohn: du, hohle deine Waffen
Und rüste dich, und komm herab!

St. 34. v. 6.

Versetzt der Ries' mit immer sanfterm Muth;

St. 35. v. 5, 6.

Sein Auge glübt (flammt) als wie der Höllenschlund,
Die Nase schnaubet Zorn, Dampf u. s. w.

St. 36. v. 5, 6.

Allein beym ersten Stofs, u. s. w.
— — — vergeht ihm schon das Lachen;

v. 8.

Des Athems Weg in seinem weiten Rachen,

St. 38. v. 5,

(a) O Himmelskönigin, sey's fey'rlich hier versprochen,

St. 39. v. 7, 8.

Und wenn er gleich nicht mehr für die als jene
fühlt,
Sein Blut beym ersten Ruf für jede zu verspritzen.

St. 42. v. 8.

(a) Auf ein Tapetenbild, gleich wichtig fallen
mögen.

St. 54. v. 7.

Auf Gottes Boden nicht so sänftlich zugebracht.

St. 55. v. 2.

— —   Laſst hurtig uns entgürten;

St. 56. v. 2.

(a) Der sanft erschlafften Nerven Band.

St. 57. v. 5.

Im stillen Bach sich kaum die Silberwellen kräuseln.

St. 58. v. 4.

(a) Ihm däucht, er ging auf unbekannter Bahn,

St. 63. v. 8.

— —   zu ihr sich stürzen in die Flut.

St. 65. v. 5.

(a) — — — das wolle Gott verhüten,

St. 65. v. 8.

(a) Daſs Träum' uns dann und wann was künftig
ist entbieten?

St. 68. v. 2.

(a) Den Ritter labt, sieht ihn der Alte, mäus-
chenstill,

OBERON

VIERTER GESANG.

1.

Der Paladin beginnt nun seine Traumgeschichte
Wie folgt: Was du auch, mein guter Scherasmin,
Von dem, was ich dir itzt berichte,
Im Herzen denken magst, so ist's doch kein Ge-
dichte,
Daſs ich, Gott sey es Dank! noch stets an Leib
und Sinn,
So wie du hier mich siehst, ein reiner Jüngling
bin.
Nie hat vor diesem Tag in meinem ganzen Leben
Mein unbefangnes Herz der Liebe Raum gegeben.

2.

Es waren zwar der schönen Jungfrau'n viel
An meiner Mutter Hof, und an Gelegenheiten,
Die einen Knaben leicht zur Tändeley verleiten.

Gebrach es nicht, zumahl beym Pfänderspiel:

Da gab's wohl manchmahl auch ein Strumpfband

aufzulösen;

Allein der schönste Fuſs lieſs meine Fantasey

In stolzer Ruh; und wär's Genevrens Fuſs

gewesen,

Es war ein Fuſs, mehr dacht' ich nicht dabey.

3.

Daſs ich von Kindheit an so viele offne Busen

Und bloſse Schultern sah, mocht' auch mit Ursach'

seyn.

Gewohnheit gleicht in diesem Stück Medusen,

Und für das Schönste selbst verkehrt sie uns in

Stein.

Allein, was half mir's, frey geblieben

Zu seyn bis in mein zweymahl zehntes Jahr?

Auch meine Stunde kam! Ach, Freund! mein

Schicksal war

Im Traum zum ersten Mahl zu lieben.

4.

Ja, Scherasmin, nun hab' ich sie gesehn,

Sie, von den Sternen mir zur Siegerin erkohren;

Gesehen hab' ich sie, und, ohne Widerstehn,

Beym ersten Blick mein Herz an sie verloren.

Du sprichst, es war ein Traum? Nein, Mann, ein
                              Hirngespenst

Kann nicht so'tiefe Spuren graben!

Und wenn du tausendmahl mich einen Thoren
                              nennst,

Sie lebt, ich hatte sie, und muſs sie wieder haben.

5.

O hättest du den holden Engel doch

Gesehn wie ich! — Zwar, wenn ich mahlen
                              könnte,

Ich stellte sie dir hin, so glühend wie sie noch

Vor meiner Stirne schwebt, und bin gewiſs, sie
                              brennte

Dein altes Herz zu einer Kohle aus.

O daſs nur etwas mir geblieben wär', das Leben

Von ihr empfing! ach! nur der Blumenstrauſs

An ihrer Brust! was wollt' ich nicht drum geben!

6.

Denk dir ein Weib im reinsten Jugendlicht,

Nach einem Urbild von dort oben

Aus Rosengluth und Lilienschnee gewoben;

Gieb ihrem Bau das feinste Gleichgewicht;
Ein stilles Lächeln schweb' auf ihrem Angesicht,
Und jeder Reitz, von Majestät erhoben,
Erweck' und schrecke zugleich die lüsterne Begier:
Denk alles, und du hast den Schatten kaum von

ihr!

7.

Und nun, sanft angelockt von ihren süfsen

Blicken,

Diefs holde Weib, das nur die Luftgestalt
Von einem Engel schien, an meine Brust zu

drücken,

Zu fühlen, wie ihr Herz in meines überwallt,
Ist's möglich, dafs ich vor Entzücken
Nicht gar verging? — Nun komm, und sprich

mir kalt,

Es war ein Traum! Wie schal, wie leer und todt

ist neben

So einem Traum mein vorigs ganzes Leben!

8.

Noch einmahl, Scherasmin, es war kein

Schattenspiel

Im Sitz der Fantasie aus Weindunst ausgegohren!

Ein unbetrügliches Gefühl
Sagt mir, sie lebt, sie ist für mich geboren.
Vielleicht war's Oberon, der sie erscheinen liefs.
Ist's Wahn: o lafs ihn mir! die Täuschung ist so
süfs!
Doch, nichts von Wahn! Kann solch ein Traum
betrügen,
O so ist alles Wahn! so kann die Wahrheit lügen!

9.

Der Alte wiegt sein zweifelreiches Haupt,
Wie wenn man euch ein Wunderding erzählet,
Wovon ihr nichts im Herzen glaubt,
Wiewohl euch Grund es wegzuläugnen fehlet.
Was denkst du?, fragt der Ritter. — Das ist's just
Was mich verlegen macht; versetzt der Unver-
liebte:
Ich hätte freylich wohl zu manchem Einwurf Lust;
Allein was hälf's am End', als dafs ich euch
betrübte?

10.

Nur, vor der Hand, weil euer fürstlich Wort
Euch einmahl gegen Karl verbindet,

So, dächt' ich, setzten wir den Zug nach Bagdad
fort.

Vielleicht dafs unterwegs der Zauber wieder
schwindet;

Vielleicht dafs O b e r o n dabey sein bestes thut

Und unversehens sich die Traumprinzessin findet.

Inzwischen, lieber Herr, thut euch die Hoffnung
gut,

So hofft! Man macht dabey zum mindsten rothes
Blut.

11.

Weil diefs der Knappe spricht, steht mit
gesenkter Stirne

Der Ritter da; denn plötzlich hatte sich

In seinem liebeskranken Hirne

Die Scene umgekehrt. Ach, spricht er, täusche
mich

Nicht auch mit fälschem Trost! Feindselige Ge-
stirne

Sind über mir. Was kann ich hoffen? sprich!

Der Sturm, der sie von meiner Brust gerissen,

Läfst, leider, mich zu viel von meinem Schicksal
wissen.

12.

Entrissen ward sie mir! Noch streckt sie aus
der Flut
Die Arme gegen mich — noch stockt vor Angst
mein Blut —
Und ach! wie an den Grund mit Ketten
Geschmiedet, stand ich da, ohnmächtig sie zu
retten!
Das war im Traum, spricht Scherasmin: wofür
Euch ohne Noth mit schwarzer Ahnung grämen?
Ein Traum läfst nie von Art. Das beste, glaubet
mir,
Ist's, sich daraus nur was uns freut zu nehmen.

13.

Dafs euch im Traum ein wohl gewogner
Geist
Die künft'ge Königin von euerm Herzen weist,
Das hat er gut gemacht! So etwas läfst sich
glauben,
Und kurz, wir nehmen's nun für bare Wahr-
heit an.

Allein den Strom, den Wirbelwind, die Schrauben
An Hand und Fuſs, die hat der Traum hinzu
gethan.
Mir selbst ist oft in meinen jüngern Jahren,
Wenn mich der Alp gedrückt, dergleichen wider-
fahren.

14.

Da, zum Exempel, läuft ein schwarzer Zot-
telbär,
Indem ich wandeln geh', der Himmel weiſs wo-
her,
Mir in den Weg; ich greif' im Schrecken nach
dem Degen
Und zieh', und zieh' — umsonst! Ein plötzlich
Unvermögen
Strickt jede Sehne mir in allen Gliedern los;
Zusehens wird der Bär noch siebenmahl so groſs,
Sperrt einen Rachen auf so gräſslich wie die
Hölle;
Ich flieh' und ängst'ge mich, und kann nicht von
der Stelle.

15.

Ein andermahl, wenn ihr von einem Abend-
schmaus
Nach Haus zu gehen träumt, bey einem alten
Gaden
Vorbey; auf einmahl knarrt ein kleiner Fenster-
laden,
Und eine Nase guckt heraus
So lang als euer Arm. Ihr sucht, halb starr vor
Schrecken,
Ihr zu entfliehn, und vorn und hinten stehn
Gespenster da, die ins Gesicht euch sehn,
Und feur'ge Zungen weit aus langen Hälsen recken.

16.

Ihr drückt in Todesangst euch seitwärts an die
Wand
Die gegenüber steht — und eine dürre Hand
Fährt durch ein rundes Loch euch eiskalt übern
Rücken,
Und sucht an euch herum, euch da und dort
zu zwicken.

Ein jedes Haar auf euerm Kopfe kehrt
Die Spitz' empor, zur Flucht ist jeder Weg ver-
    wehrt,
Die Gasse wird zusehens immer enger,
Stets frostiger die Hand, die Nase immer länger.

17.

Dergleichen, wie gesagt, begegnet oft und
    viel;
Allein, am End' ist's doch ein blofses Possenspiel,
Das Nachtgespenster sich in unserm Schädel
    machen;
Die Nase sammt der Angst verschwindet im Er-
    wachen,
Ich dächt' an euerm Platz dem Ding nicht weiter
    nach,
Und hielte mich an das, was mir der Z w e r g
    versprach,
Frisch auf! Mir ahnet was! Es müfste übel
    enden,
Wenn wir die Dame nicht in Bagdad wieder-
    fänden.

18.

Bey diesem Worte springt der Ritter, ange-
weht
Von frischem Muth empor, als hätt' ihm nichts
geträumet.
Der Morgenluft entgegen wiehernd, steht
Sein Renner schon gesattelt und gezäumet.
Er schwingt sich auf, und wie er aus dem Feld
Zurücke schaut, verschwunden ist das Zelt:
In einem Wink erhob sich's aus dem Rasen,
In einem Wink war alles weggeblasen.

19.

Sie zogen nun dem Lauf des hohen Eufrats
nach,
Von Palmen und Gebüsch vorm Sonnenstrahl
geborgen,
Durchs schönste Land der Welt, stillschweigend,
keiner sprach
Ein Wort, wiewohl's an Stoff zum Reden nicht
gebrach;
Denn jeder war vertieft in andre Sorgen.
Die reine Luft, der angenehme Morgen,

Der Vögel Lustgesang, des Stromes stiller Lauf,
Weckt beider Fantasie aus leisem Schlummer
auf.

20.

Der Ritter sieht in ihrem Zauberspiegel
Nichts sehenswerth als das geliebte Bild.
Er mahlt die Göttin sich auf seinen blanken Schild,
Erklimmt auf ihrer Spur des Taurus schroffsten
Hügel,
Steigt, sie erfragend, bis in Merlins furchtbars
Grab,
Bekämpft die Riesen und die Drachen,
Die um das Schloß, worin sie schmachtet,
wachen,
Und kämpfte sie der ganzen Hölle ab.

21.

Indessen er, in eingebildeter Wonne,
Die schwer errungne Braut an seinen Busen
drückt,
Sieht unvermerkt ans Ufer der Garonne,

Wo er als Kind den ersten Strauſs gepflückt,
Von Eufrats Ufern weg der Alte sich verzückt.
Nein, denkt er, nirgends scheint doch unsers
Herrgotts Sonne
So mild als da, wo sie zuerst mir schien,
So lachend keine Flur, so frisch kein andres
Grün!

22.

Du kleiner Ort, wo ich das erſte Licht
gesogen,
Den ersten Schmerz, die erste Lust empfand,
Sey immerhin unscheinbar, unbekannt,
Mein Herz bleibt ewig doch vor allen dir ge-
wogen,
Fühlt überall nach dir sich heimlich hingezogen,
Fühlt selbst im Paradies sich doch aus dir ver-
bannt;
O möchte wenigstens mich nicht die Ahnung
trügen,
Bey meinen Vätern einst in deinem Schooſs zu
liegen!

23.

In solcher Träumerey schwind't unvermerkt
der Raum

Der sie von Bagdad trennt, bis itzt die Mittags-
hitze

In einen Wald sie treibt, der vor der Gluth sie
schütze.

Noch ruhten sie um einen alten Baum,

Wo dichtes Moos sich schwellt zum weichen
Sitze,

Und Oberons Pokal erfrischt den trocknen Gaum;

Als, eben da er sich zum dritten Mahle füllet,

Ein gräfsliches Geschrey in ihre Ohren brüllet.

24.

Sie springen auf.   Der Ritter fafst sein
Schwert

Und fleugt dahin, woher die Zetertöne schallen!

Und sieh! ein Sarazen zu Pferd,

Von einem Löwen angefallen,

Kämpft aus Verzweiflung noch, erschöpft an Kraft
und Muth,

Mit matter Faust. Schon taumelt halb zerrissen

Sein Rofs, und wälzt mit ihm in einem Strom

von Blut

Sich um, und hat vor Angst die Stange durch-

gebissen.

25.

Grimmschnaubend stürzt der Löw' auf seinen

Gegner los,

Aus jedem Blick schiefst eine Feuerflamme,

Indem fährt Hüons Stahl ihm seitwärts in die

Wamme.

Der Thiere Fürst, den solch ein Grufs verdrofs,

Erwiedert ihn mit einer langen Schramme,

Nach der des Ritters Blut aus tausend Quellchen flofs:

Hätt' Angulaffers Ring nicht über ihm ge-

waltet,

Ihn hätt' auf, Einen Zug der Löw' entzwey ge-

spaltet.

26.

Herr Hüon rafft, was er an Kraft vermag,

Zusammen (denn sein Tod blitzt aus des Löwen

Blicke)

Und stöfst sein kurzes Schwert mit Macht ihm
                ins Genicke.
Vergebens schwingt sich noch der Schweif zu
                    einem Schlag,
Von dem, wofern der Ritter nicht zurücke
Gesprungen wär', er halb zerschmettert lag;
Vergebens dräuet noch die fürchterliche Tatze;
Ein Streich von S c h e r a s m i n erlegt ihn auf dem
                Platze.

27.

Der Sarazen (den reichen Steinen nach,
Die hoch auf seinem Turban blitzen,
Ein Mann von Wichtigkeit) schien noch vor
                    Angst zu schwitzen.
Die Ritter führen ihn am Arme ganz gemach
Den Bäumen zu, in deren Schirm sie lagen;
Man reicht zur Stärkung ihm den goldnen Becher
                dar,
Und auf Arabisch spricht der Alte: Herr, für-
                wahr,
Ihr habt dem Gott der Christen Dank zu sagen!

28.

Mit schelem Auge nimmt der Heid aus Hüons
Hand
Den Becher voll, und wie er an der Lippen
Rand
Ihn bringt, versiegt der Wein, und glühend wird
der Becher
In seiner Faust, der innern Schalkheit Rächer!
Er schleudert ihn laut brüllend weit von sich,
Und stampft, und tobt, und lästert fürchterlich.
Herr Hüon, dem es graut ihm länger zuzuhören,
Zieht sein geweihtes Schwert, den Heiden zu —
bekehren.

29.

Allein, der Schalk, der übermannt sich hält,
Hat keine Lust zur Gegenwehr zu stehen;
Wie ein gejagter Strauss läuft er ins nahe Feld,
Wo beide Pferd' im Grase weiden gehen.
Risch schwingt er sich auf Hüons Klepper, fasst
Ihn bey der Mähn', und mit verhängten Zügeln
Rennt er davon, in solcher Angst und Hast,
Als säss' er zwischen Sturmwindsflügeln.

30.

Das Abenteu'r war freylich ärgerlich;
Allein was half's, dem Lecker nachzulaufen?
Zum Glücke war ein Ding, das einem Maulthier
glich,
Im nächsten Dorf um wenig Geld zu kaufen.
Das arme Thier, durchsichtiger als Glas,
Schien kaum belebt genug, bis Bagdad auszu-
reichen;
Doch däucht's dem Alten noch auf dessen Rück-
grat bafs
Als seinem Herrn zu Fuße nachzukeichen.

31.

So setzten beide nun nach dem gewünschten Port
Den ritterlichen Zug so gut sie konnten fort.
Der Sonnenwagen schwebt schon an des Himmels
Grenzen,
Auf einmahl sehen sie, von fern im weiten Thal,
Gekrönt mit Thürmen ohne Zahl,
Der Städte Königin im Abendschimmer glänzen,
Und, durch ein Paradies von ewig frischem Grün,
Den breiten Strom des schnellen Tigers fliehn.

32.

Ein wundersam Gemisch von Schrecken und
Entzücken,
Geheime Ahnungen, und fremde Schauer drücken
Des Ritters Herz, da ihm der Schauplatz auf sich
thut,
Wo mehr sein Wort und angestammter Muth,
Als Karls Gebot, ihn treibt ein Wagstück zu
bestehen,
Wovon kaum möglich ist ein besser Ziel zu sehen
Als jähen Tod, Gewiss war immer die Gefahr,
Doch schien sie nie so gross als da sie nahe war.

33.

Er sieht mit ihren goldnen Zinnen,
Gleich einer Götterburg, in furchtbar stolzer
Pracht
Der Emirn Burg, den Thron, der Asien zittern
macht,
Und spricht zu sich: Und Du, was gehst du zu
beginnen?

Er stutzt. Doch bald stärkt wieder seine Sinnen
Des Glaubens Muth, der ihn so weit gebracht,
Und eine Stimme scheint ihm leise zuzuwehen,
Er werde die er liebt-in jenen Mauern sehen.

34.

Auf, ruft er, Scherasmin, spann alle Segel
auf!
Du siehst das Ziel von meinem langen Lauf;
Wir müssen Bagdad noch vor dunkler Nacht
erreichen.
Nun geht's im schärfsten Trott, dafs Rofs und
Reiter keichen.
Der Knapp' giefst seinem Thier mitleidig etwas
Wein
Aus Oberons Becher auf die Zunge:
Da, spricht er, trink, du guter treuer Junge,
Der Becher trocknet nicht für deines gleichen ein.

35.

Er hatte Recht. Kaum saugt des Maulthiers
Zunge
So lechzend als ein ausgebrannter Stein

Den süfsen Thau des Zaubergoldes ein,
So schiefst mit allbelebendem Schwunge
Ein Feuerstrom durch Adern und Gebein;
Von neuer Kraft gespannt, erfrischt an Herz und
Lunge.
Läuft's, einem Windspiel gleich, mit ihm davon,
Und eh' der Tag erlischt sind sie in Babylon.

36.

Noch irrten sie in seinen ersten Gassen
Unkundig in der Dämm'rung hin und her,
Als Fremde, die sich blofs vom Zufall leiten
lassen:
Da kam des Wegs von ungefähr
An ihrem Stab ein Mütterchen gegangen,
Mit grauem Haar und längst verwelkten Wangen.
He Mutter, seyd so gut, schreyt Scherasmin
sie an,
Und weiset uns den Weg zu einem Han.

37.

Die Alte bleibt gestützt auf ihre Krücke stehen,
Und hebt ihr wankend Haupt, die Fremden anzu-
sehen.

Herr Fremdling, spricht sie drauf, von hier ist's
ziemlich weit
Zum nächsten Han; doch, wenn ihr müde seyd
Und wenig euch genügt, so kommt in meine
Hütte;
Da steht euch Milch und Brot, und eine gute
Schütte
Von frischem Stroh zu Dienst, und Gras für euer
Vieh;
Ihr ruhet aus, und zieht dann weiter morgen
früh.

58.

Mit grofsem Dank für ihr gastfreundliches Er-
bieten
Folgt Hüon nach. Ihm däucht kein Lager
schlecht,
Wo Freundlichkeit und Treu' der offnen Thüre
hüten.
Die neue Baucis macht in Eil die Streu zurecht,
Wirft Quendel und Orangenblüthen
Aus ihrem Gärtchen drauf, trägt fette Milch voll
Schaum

Und saft'ge Pfirschen auf, und Feigen frisch vom
        Baum,

Beklagend, daſs ihr jüngst die Mandeln nicht
        geriethen.

39.

Dem Fürsten dünkt, er hab' in seiner Lebens-
        zeit

Nie so vergnüglich Mahl gehalten.

Was der Bewirthung fehlt, ersetzt der guten Alten

Vertrauliche Geschwätzigkeit.

Die Herren, spricht sie, kommen eben

Zu einem groſsen Fest. — „Wie so?“ — Ihr wiſst
        es nicht?

Es ist das einz'ge doch was man in Bagdad
        spricht;

Die Tochter unsers Herrn wird morgen ausge-
        geben.

40.

„Des Sultans Tochter? Und an wen?“

Der Bräutigam ist einer von den Neffen

Des Sultans, Fürst der Drusen, reich und schön,

Und auf dem Schachbret soll ihn keiner über-
   treffen;
Mit Einem Wort, ein Prinz, den alle Welt
Der schönen Rezia vollkommen würdig hält.
Und doch — gesagt im engesten Vertrauen —
Sie liefse lieber sich mit einem Lindwurm trauen.

41.

Das nenn' ich wunderlich, versetzt der Paladin,
Ihr werdet's uns so leicht nicht glauben machen.
„Ich sag' es noch eihmahl, eh' die Prinzessin ihn
So nahe kommen läfst, umarmt sie einen Drachen,
Da bleibt's dabey! — Mir ist von langer Hand
Das wie und wann der Sache wohl bekannt.
Zwar hab' ich reinen Mund gar hoch versprechen
   müssen;
Doch, gebt mir eure Hand, so sollt ihr alles
   wissen.

42.

„Es wundert euch vielleicht, wie eine Frau,
   wie ich,
Zu solchen Dingen kommt, die selbst dem Fürsten-
   stamme

Verborgen sind und sonsten männiglich?
So wisset denn, ich bin die Mutter von der
                              Amme
Der schönen Rezia, bey der sie alles gilt;
Wiewohl schon sechzehn volle Jahre
Verflossen sind, seit Fatme sie gestillt;
Nun merkt ihr leicht, woher ich manchmahl was
                              erfahre.

43.

„Man weiß, daß schon seit Jahren der Kalif,
Auf seine Tochter stolz, nicht selten
An Festen, die er gab, sie mit zur Tafel rief,
Wo schöner Männer viel sich ihr vor Augen
                              stellten.
Allein auch das weiß Stadt und Land,
Daß keiner je vor ihr besonders Gnade fand;
Sie schien sie weniger mit mädchenhaftem Grauen
Als mit Verachtung anzuschauen.

44.

„Indessen ward geglaubt, sie könne Babekan
(So heißt der Prinz, den sich zum Tochtermann
Der Sultan auserwählt) vor allen andern leiden.

Nicht, daſs beym Kommen oder Scheiden
Das Herz ihr höher schlug; ihn nicht mit Fleiſs
zu meiden
War wohl das höchste, was er über sie gewann:
Allein, sie war doch sonst für niemand einge-
nommen;
Die Liebe, dachte man, wird nach der Hochzeit
kommen.

45.

„Jedoch, seit einem Zwischenraum
Von wenig Wochen, hat sich alles umgekehret.
Seitdem kann R e z i a den armen Prinzen kaum
Vor Augen sehn. Ihr ganzes Herz empöret
Sich, wenn sie nur von Hochzeit reden höret;
Und, was unglaublich ist, so hat ein bloſser
Traum
Die Schuld daran.‘‘ — Ein Traum? ruft H ü o n
ganz in Feuer;
Ein Traum? ruft S c h e r a s m i n, welch seltsam
Abenteuer!

46.

Ihr träumte, fährt die Alte fort,
Sie werd' in Rehgestalt an einem wilden Ort
Von Babekan gejagt.　Sie lief, von zwanzig
　　　　　　Hunden
Verfolgt, in Todesangst herab von einem Berg;
Ihm zu entfliehen war die Hoffnung schon ver-
　　　　　　schwunden!
Da kam ein wunderschöner Zwerg
In einem Faëton, den junge Löwen zogen,
In vollem Sprung entgegen ihr geflogen.

47.

Der Zwerg in seiner kleinen Hand
Hielt einen blüh'nden Lilienstängel,
Und ihm zur Seite saß ein fremder junger Fant,
In Ritterschmuck, schön wie ein barer Engel;
Sein blaues Aug' und langes gelbes Haar
Verrieth, daß Asien nicht sein Geburtsland war;
Doch, wo er immer hergekommen,
Genug, ihr Herzchen ward beym ersten Blick
　　　　　　genommen.

48.

Der Wagen hielt. Der Zwerg mit seinem Li-
lionstab

Berührte sie; stracks fiel die Rehhaut ab:
Die schöne Rezia, auf ihres Retters Bitten,
Stieg in den Wagen ein, und setzt' erröthend
mitten

Sich zwischen ihn und den, dem sich ihr Herz
ergab,

Wiewohl noch Lieb' und Scham in ihrem Busen
stritten.

Der Wagen fuhr nun scharf den Berg hinan,
Und stiefs vor einen Stein, und sie erwachte dran.

49.

Weg war ihr Traum, doch nicht aus ihrem
Herzen

Der Jüngling mit dem langen gelben Haar.
Stets schwebt sein Bild, die Quelle süfser Schmerzen,

Bey Tag und Nacht ihr vor, und seit der Stunde
war

Der Drusenfürst ihr unerträglich.

Sie konnt' ihn ohne Zorn nicht hören und nicht
sehn.

Man gab sich alle Müh die Ursach' auszuspähn;
Umsonst, sie blieb geheim und stumm und unbeweglich.

50.

Nur ihre Amm' allein, von der ich, wie
gesagt,

Die Mutter bin, wufst' endlich Weg' zu finden,
Das seltsame Geheimnifs, das sie nagt,
Aus ihrer Brust heraus zu winden.
Allein ihr wifst, ob mit vernünft'gen Gründen
Ein Schaden heilbar ist, der heimlich uns behagt?
Die arme Dame war sich selber gram, und wollte
Dafs Fatme dennoch stets dem Übel schmeicheln
sollte.

51.

Indessen kam der Tag, vor dem so sehr ihr
graut,

Stets näher. Babekan, um bey der spröden
Braut

In. befsre Achtung sich zu schwingen,

Liefs wenig unversucht; nur wollte nichts ge-

lingen.

Sie war bekanntlich stets den Tapfern sehr

geneigt,

Er hatte sich noch nie in diesem Licht gezeigt;

Lafs, sprach er zu sich selbst, uns eine That

vollbringen

Der Unempfindlichen Bewundrung abzuzwingen!

52.

Nun setzte seit geraumer Zeit

Ein ungeheures Thier das ganze Land in Schrecken:

Es fiel bey hellem Tag in Dörfer und in Flecken,

Und würgte Vieh und Menschen ungescheut.

Man sagt, es habe Drachenflügel,

Und Klauen wie ein Greif und Stacheln wie ein

Igel,

Sey gröfser als ein Elefant,

Und wenn es schnaube, fahr' ein Sturm durchs

ganze Land.

53.

Seit Menschendenken war kein solches Thier
erschienen.
Auch stand ein grofser Preis auf dessen Kopf
gesetzt;
Allein weil jedermann den seinen höher schätzt,
Hat niemand Lust dafs Schufsgeld zu verdienen.
Nur Babekan hielt's des Versuches werth,
Durch eine kühne That der Schönen Stolz zu
dämpfen.
Er geht im Pomp zum Sultan, und begehrt
Vergünstigung, den Löwen zu bekämpfen.

54.

Und als ihm's der, wiewohl nicht gern,
gewährt,
Bestieg er heute früh vor Tag sein bestes Pferd,
Und ritt hinaus. Was weiter vorgegangen
Ist unbekannt. Genug, er kam, zu gutem Glück,
Auf einem fremden Gaul, ganz leise, sonder
Prangen
Und ohne eine Klau' vom Ungeheu'r zurück.

Man sagt, er habe stracks, so bald er heim gekommen,
Sich hingelegt und Bezoar genommen.

55.

Bey allem dem sind nun mit unerhörter
Pracht
Die Zubereitungen zum Hochzeitfest gemacht;
Unfehlbar wird es morgen vor sich gehen,
Und R e z i a sich in der nächsten Nacht
In B a b e k a n s verhaßten Armen sehen. —
Eh' diefs geschicht, fuhr H ü o n rasch heraus,
Eh' soll das grofse Rad der Schöpfung stille
stehen!
Der Ritter und der Zwerg sind, glaubt mir, auch
vom Schmaus.

56.

Die Alte wundert sich des Wortes, und be-
trachtet
Genauer, was sie erst nicht sonderlich geachtet,
Des Fremden blaues Aug' und langes gelbes Haar,

Und seinen Ritterschmuck, und dafs er nur ge-
brochen
Arabisch sprach, und dafs er schöner war
Als je ein Mann, der in die Augen ihr gestochen:
Das rasche Wort, das er gesprochen,
Und diese Ähnlichkeit! es daucht ihr sonderbar.

57.

Wo kam er her? warum? wer ist er? zwan-
zig Fragen
Zu diesem Zweck, die schon auf ihrer Zunge
lagen,
Erstickte Hüons Ernst. Er that als wäre Ruh
Ihm noth, und legte sich auf seiner Streu zu-
rechte,
Die Alte wünscht, dafs ihm was süfses träumen
möchte,
Und trippelt weg, und schliefst die Thüre nach
sich zu.
Allein wurmstichig war die Thür und hatte
Spalten,
Und Vorwitz juckt das Ohr der guten Alten.

58.

Sie schleicht zurück, und drückt so fest sie
kann

Ihr lauschend Ohr an eine Ritze,

Und horcht mit offnem Mund und hält den
Athem an.

Die Fremden sprachen laut, und, wie es schien,
mit Hitze;

Sie hörte jedes Wort; nur, leider! war kein Sinn

Für eine alte Frau von Babylon darin:

Doch kann sie dann und wann, zum Trost in
diesem Leiden,

Den Nahmen R o z i a ganz deutlich unterscheiden.

59.

Wie wundervoll mein Schicksal sich entspinnt!

(Rief H ü o n aus) Wie wahr hat O b e r o n gesprochen,

Schwach ist das Erdenvolk und für die Zukunft
blind!

Karl denkt, er habe mir gewiss den Hals gebro-
chen;

Auf mein Verderben zielt sein Auftrag sicht-
lich ab,
Und blindlings thut er blofs den Willen des Ge-
schickes:
Der schöne Zwerg reckt seinen Lilienstab,
Und leitet mich im Traum zur Quelle meines
Glückes.

60.

Und dafs (spricht Scherasmin) die Jungfrau,
die im Traum
Das Herz euch nahm, gerade die Infante
Des Sultans ist, die Karl zu eurer Braut ernannte;
Dafs alles so sich schickt, und dafs auch Sie im
Traum,
Wie ihr in sie, in Euch entbrannte,
So etwas glaubte man ja seinen Augen kaum!
Und doch, spricht Huon, hat's die Alte nicht
erfunden:
Den Knoten hat das Schicksal selbst gewunden.

61.

Nur wie er aufzulösen sey,
Da liegt die Schwierigkeit! — Mich sollte das
nicht plagen,

Erwiedert Scherasmin: Herr, darf ich unge-
schout

Euch meine schlechte Meinung sagen?
Ich macht' es kurz und schnitt' ihn frisch entzwey.

Dem Junker linker Hand ließ' ich den Luftpaß
frey.

Und dem Kalifen seine Zähne,
Und hielte mich an meine Dulcimene.

62.

Bedenkt's nur selbst, in ihrer Gegenwart
Die Ceremonie mit Kopfab anzufangen,
Hernach vier Backenzähn' und eine Hand voll
Bart

Dem alten Herren abverlangen,
Und vor der Nas' ihm gar sein einzig Kind umfangen,

Bey Gott! das hat doch wahrlich keine Art!
Das Schicksal kann unmöglich wollen
Daß wir das Ziel uns selbst so grob verrücken
sollen.

63.

Zum Glück, dafs Oberon das beste schon
versah.

Das Hauptwerk ist doch wohl, dem Hasen
Von Bräutigam das Fräulein wegzublasen;
Und dazu hilft die schöne R e z i a
Gewifs uns selbst, so bald sie von der Alten
Berichtet ist, das gelbe Haar sey da.
Mir liegt indessen ob, zwey frische Klepper, nah
Beym Garten des Serails, zur Flucht bereit zu
halten.

64.

Herr S c h e r a s m i n, (versetzt der Ritter) wie
es scheint,
Entfiel euch, dafs ich Karln mein Ehrenwort
gegeben,
Dem, was er mir gebot, buchstäblich nachzuleben?
Da geht kein Jot davon. mein Freund!
Was draus entstehen kann. das mag daraus entstehen?
Mir ziemt es nicht so was voraus zu sehen.
Im Fall der Noth (erwiedert S c h e r a s m i n)
Mufs doch zuletzt der Zwerg uns aus dem Was-
ser ziehn.

65.

Allmählich schlummerte der Alte unter diesen
Gesprächen ein. Von H ü o n s Augen bleibt
Der süsse Schlaf die Nacht hindurch verwiesen.
Gleich einem Kahn auf hohen Wogen, treibt
Sein ahnend Herz mit ungeduld'gem Schwanken
Auf ungestüm sich wälzenden Gedanken:
So nah dem Port; so nah, und doch so weit!
Es ist ein Augenblick, und däucht ihm Ewigkeit.

Varianten.

Stanze 6. vers 8.

(a) Denk alles diefs, du hast u. s. w.

St. 10. v. 5.

(a) Vielleicht auch dafs der Zwerg sein bestes
thut,

St. 16. v. 4.

(a) Und bohrt ins Wamms sich ein, um euch ins
Herz zu zwicken.

St. 20. v. 6.

Bekämpft die Hünen u. s. w.

St. 29. v. 2.

Find't nicht für gut zur Gegenwehr u. s. w.

St. 50. v. 6.

Schien kaum belebt genug, um Bagdad zu erreichen;

St. 31. v. 8.

Den stolzen Eufrat hier, und dort den Tigris
ziehn.

St. 33. v. 4.

Und du, spricht er zu sich, was gehst du zu
beginnen?

St. 38. v. 1, 2.

(a) Mit grofsem Dank für diefs Erbieten
Folgt ihr Herr Hüon nach. u. s. w.

v. 8.

(a) Beklagend, dafs ihr fern' die Mandeln u. s. w.

St. 40. v. 5.

(*a*) Ein Prinz, mit Einem Wort, u. s. w.

St. 41. v. 1.

(*a*) Das nenn' ich seltsam seyn, u. s. w.

v. 3.

(*a*) Ich sag's nicht ohne Grund! u. s. w.

St. 43. v. 7.

Sie schien sie nicht sowohl mit mädchenhaftem
Grauen

St. 44. v. 8.

(*a*) Die Liebe, dachte man, wird schon im Eh-
stand kommen.

St. 47. v. 5.

Sein blaues Aug', sein langes gelbes Haar

St. 50. v. 8.

Gleichwohl, dafs Fatme stets u. s. w.

St. 51. v. 1.

Indessen kam der Tag, vor dem ihr graut,

St. 52. v. 2.

(a) Ein ungeheurer Löw u. s. w.

St. 53. v. 1.

Seit Menschendenken ward kein solches Thier
gesehen!

v. 3, 4.

Allein weil jedermann (jeder doch) den seinen
höher schätzt,
Will des Verdiensts sich niemand unterstehen.

St. 54. v. 4.

— — — Genug, er kam, zu allem Glück,

v. 6.

(a) Und ohne Löwenhaut zurück.

St. 56. v. 2.

(a) Genauer, was sie Anfags nicht geachtet

St. 57. v. 3, 4.

(*a*) — — — Er stellte sich der Ruh
Bedürftig, legte sich u. s. w.

St. 60. v. 1.

Und das (ruft Scherasmin) u. s. w.

St. 62. v. 5.

(*b*) Und vor der Nase ihm sein einzig Kind
umfangen,

St. 64. v. 4.

(*a*) Da geht kein Jot davon, mein guter Freund!

OBERON

FÜNFTER GESANG.

1.

Auch dich, o R e z i a, floh, auf deinen weichen
Schwanen,
Der süße Schlaf. Du sahst in Klippen dich
Verfangen, woraus dir einen Pfad zu bahnen
Unmöglich schien. Verhaßt und fürchterlich
Ist dir das festliche Roth am morgendämmernden
Himmel,
Verhaßt der Tag, der dich an Hymens Altar
winkt.
Lang' wälzt sie seufzend sich um, bis endlich, vom
innern Getümmel
Der Seele betäubt, ihr Haupt herab zum Busen
sinkt.

2.

Sie schlummert ein, und, ihren Muth zu
stützen,
Webt Oberon ein neues Traumgesicht
Vor ihre Stirn. Sie glaubt, bey Mondeslicht,
In einer Laube der Gärten des Harems zu sitzen,
In Fantasieen der Liebe versenkt.
Ein süßes Weh, ein lieblich banges Sehnen
Hebt ihre Brust, ihr Auge schwimmt in Thränen,
Indem sie hoffnungslos an ihren Jüngling denkt.

3.

Die Unruh treibt sie auf. Sie läuft, mit hasti-
gen Schritten
Und suchendem Blick, durch Busch und Blumen-
gefild,
Eilt athemlos zu allen grünen Hütten,
Zu allen Grotten hin: ihr Auge, zärtlich wild
Und Thränenvoll, scheint das geliebte Bild
Von allen Wesen zu erbitten:
Oft steht sie ängstlich still, und lauscht
Wenn nur ein Schatten wankt, nur eine Pappel
rauscht.

4.

Zuletzt, indem sie sich nach einer Stelle
wendet
Wo durch der Büsche Nacht ein heller Mondschein
bricht,
Glaubt sie — o Wonne! wenn kein falsches Schat-
tenlicht
Ihr gern betrognes Auge blendet —
Zu sehen was sie sucht. Sie sieht und wird
gesehn;
Sein Feuerblick begegnet ihren Blicken.
Sie eilt ihm zu, und bleibt, in schauerndem Ent-
zücken,
Wie zwischen Scham und Liebe, zweifelnd stehn.

5.

Mit offnen Armen fliegt er ihr entgegen.
Sie will entfliehn, und kann die Kniee nicht
bewegen.
Mit Müh verbirgt sie noch sich hinter einen
Baum,
Und in der süßen Angst zerplatzt der schöne
Traum.

Wie gerne hätte sie zurück ihn rufen mögen!
Sie zürnt sich selbst und dem verhafsten Baum;
Vergebens suchet sie sich wieder einzuwiegen,
Ihm nachzusinnen bleibt ihr einziges Vergnügen.

6.

Die Sonne hatte bald den dritten Theil voll-
br.cht
Von ihrem Lauf, und immer war's noch Nacht
Bey R o z i a; so grofs war ihr Ergetzen,
Den angenehmen Traum noch wachend fortzu-
setzen.
Doch da sie gar zu lang' kein Lebenszeichen giebt,
Naht endlich F a t m e sich dem goldnen Bette,
schiebt
Den Vorhang weg, und findet mit Erstaunen
Die Dame wach, und in der besten aller Launen.

7.

Ich hab' ihn wieder gesehn, o F a t m e, wün-
sche mir Glück,
Ruft R o z i a, ich hab' ihn wieder gesehen! —

Das wäre! spricht die Amm', und sucht mit
　　　　　　　schlauem Blick
Herum, als dächte sie den Vogel auszuspähen.
Das Fräulein lacht: „Ey, ey, wie ist dein Witz
　　　　　　　so dick!
Man dächte doch, das sollte sich verstehen!
Ich sah ihn freylich nur im Traum; allein
Er muſs gewiſs hier in der Nähe seyn.

8.

„Mir ahnt's, es ist nicht fern, und sprich mir
　　　　　　　nichts dagegen,
Wenn du mich liebst!" — So schweig' ich! —
　　　　　　　„Und warum?
Was wäre denn am Ende so verwegen
An meiner Hoffnung? Sprich! wie sollt' ich sie
　　　　　　　nicht hegen?"
Die Amme seufzt und bleibt noch immer stumm:
„Was übersteigt der Liebe Allvermögen?
Der Löwenbändiger, der mich beschützt, ist sie;
Und retten wird sie mich, begreif' ich gleich nich.
　　　　　　　wie.

9.

„Du schweigst? du seufzest? Ach! zu wohl
                    nur, gute Amme,
Versteh' ich was dein Schweigen mir verhehlt!
Du hoffest nichts für meine Flamme!
Ich selbst, ich hoffe nur weil befsrer Trost mir
                    fehlt.
Die Stunde naht; schon klirren meine Ketten,
Und mein Verderben ist gewifs;
Ein Wunder nur, o F a t m e, kann mich retten,
Ein Wunder nur! wo nicht — so kann es diefs!"

10.

Bey diesem Worte zieht mit feur'gem Blicke
Sie aus dem Busen einen Dolch hervor.
„Siehst du? Diefs macht mir Muth! diefs hebt
                    mich so empor!
Mit diesem hoff' ich alles vom Geschicke!"
Die Amme schwankt an ihren Stuhl zurücke,
Wird leichenblafs, und zittert wie ein Rohr.
Ach! ist diefs alles, so erbarme
Sich Gott! — ruft sie, und weint und ringt die
                    Arme.

11.

Das Fräulein drückt die Hand ihr auf den
Mund:
Still, spricht sie, fasse dich! und steckt in ihren
Busen
Den Dolch zurück. Du weifst, im weiten Erden-
rund
Ist nichts mir so verhafst als dieser Fürst der
Drusen.
Eh' Der mich haben soll, eh' soll ein giftiger
Molch
In meine Brust die scharfen Zähne schlagen!
Kommt mein Geliebter nicht, den Raub ihm abzu-
jagen,
Was bleibt mir übrig als mein Dolch?

12.

Kaum hatte sie die Worte ausgesprochen,
So hört man am Tapetenthürchen pochen,
Das aus dem Schlafgemach in Fatmens Kammer
führt.
Sie geht, und kommt nach einer kleinen Weile
So schnell zurück, dafs sie vor lauter Eile

Und Freudetrunkenheit den Athem fast verliert.
„Nun sind wir aller Noth entbunden!
Triumf! Prinzessin, Triumf! der Ritter ist ge-
                                        funden!"

13.

Im Nachtgewand, das wie ein Nebel kaum
Den schönen Leib umwallt, fährt jene aus den
                                        Lacken
Und fällt entzückt der Amme um den Nacken:
„Gefunden? Wo? wo ist er? O mein Traum,
So logst du nicht?" — Die Amme, selbst vor
                                        Freuden
Ganz aufser sich, hat kaum noch so viel Sinn,
Die wonnetaumelnde halb nackte Träumerin
In grofser Eil' ein wenig anzukleiden.

14.

Herein gerufen wird sodann
Die Alte, selbst ihr Mährchen zu erzählen.
Die gute Mutter fängt beym Ey die Sache an,
Und läfst es nicht am kleinsten Umstand fehlen;
Kein Zug, kein Wort das ihrem Gast entrann,

Wird im Gemählde weggelassen.
Er ist's, er ist's! wir haben unsern Mann,
Ruft Fatme aus; es kann nicht besser passen!

15.

Die Alte wird von neuem ausgefragt,
Muſs drey - und viermahl wiederhohlen
Was er gethan, gesagt und nicht gesagt;
Muſs immer wieder ihn vom Haupt bis zu den
Sohlen
Abschildern, Zug für Zug — wie gelb und lang
sein Haar,
Wie groſs und blau sein schönes Augenpaar;
Und immer ist noch etwas nachzuhohlen
Das in der Eil' ihr ausgefallen war.

16.

Indeſs sich so um zwanzig Jahre jünger
Die Alte schwatzt, entspinnt der hohe Lockenbau
Der schönen Braut sich unter Fatmens Finger.
Mit Perlen, glänzender als Thau,
Wird schneckengleich ihr schwarzes Haar durch-
flochten,

Ohr, Hals und Gürtel schmückt so schimmerndes
Gestein,
Daſs ihren Glanz im Sonnenschein
Die Augen kaum ertragen mochten.

17.

Vollendet stellt nunmehr, von ihrer Nymfen-
schaar
Zum Fest geschmückt und bräutlich angekleidet,
Gleich einer Sonne sich die Königstochter dar,
Und lieblich wie ein Reh, das unter Rosen
weidet.
Kein Auge sah sie ungeblendet an,
Wiewohl sie jetzt nur Mädchenaugen sahn:
Nur sie allein schien nichts davon zu wissen,
Wie neben ihr die Sterne schwinden müssen.

18.

Das Feuer, das aus ihren Augen strahlt,
Die Ungeduld, das lauschende Verlangen
Das ihre Lippen schwellt und ihre zarten Wangen
Mit ungewohntem Purpur mahlt,

Setzt ihre Jungfräu'n in Erstaunen.
Ist diefs die widerspenst'ge Braut,
(Beginnen sie einander zuzuraunen)
Der gestern noch so sehr vor diesem Tag gegraut?

19.

Indessen sammeln sich die Emirn und Wessire,
Geschmückt zum Fest, im stolzen Hochzeitsahl.
Gerüstet steht das königliche Mahl,
Und, bey Trompetenklang, tritt aus der goldnen
Thüre
Des heiligen Palasts, von Sklaven aller Art
Umflossen, der Kalif mit seinem grauen Bart.
Der Drusenfürst, noch etwas blafs von
Wangen,
Kommt stattlich hinter ihm als Bräutigam gegangen.

20.

Und gegenüber thut die Thür von Elfenbein
Sich aus dem Harem auf, und, schöner als die
Frauen
In Mahoms Paradies, tritt auch die Braut herein.

Ein Schleier war, gleich einem silbergrauen
Gewölke, wehrt dem Engelsangesicht
Den vollen Glanz allblendend zu enthüllen;
Und dennoch scheint ein überirdisch Licht
Bey ihrem Eintritt stracks den ganzen Sahl zu
füllen.

21.

Dem Drusen schwillt und sinket wechselsweis
Sein Herz, indem sein Aug' an ihren Reitzen
hanget:
Er sucht im ihrigen was er zu sehn verlanget;
Allein, ein Blick, so kalt wie Alpeneis,
Ist alles was er sieht. Doch, dem Bethörten
schmeichelt
Die Eitelkeit, die Selbstbetrügerin,
Daß Rezia den spröden Blick nur heuchelt:
O (denkt er) all der Schnee schmilzt über Nacht
dahin!

22.

Ob er zu viel gehofft soll kein Geheimniß
bleiben.
Doch, ohne jetzt unnöthig zu beschreiben,

Wie drauf, nachdem der Imam das Gebet
Gesprochen, man beym Schall der Pauken und
der Zinken
Zur Tafel sich gesetzt, erst Seine Majestät,
Dann rechter Hand die Braut, der Bräutigam zur
linken,
Und hundert Dinge, die von selber sich verstehn,
Ist's Zeit, auch wieder uns nach Hüon umzu-
sehn.

23.

Der hatte, wie ihr euch erinnert, seine Nacht,
Von Ungeduld erhitzt, von Ahnungen umgaukelt,
Auf seiner Streue nicht viel sanfter zugebracht
Als einer, den der Sturm in einem Mastkorb
schaukelt.
Kaum aber hat dem Tag in seine goldne Bahn
Aurorens Rosenhand die Pforten aufgethan,
So senkt sich nebelgleich ein Dunst von Mohn-
und Flieder -
Und Lilienduft auf seine Augen nieder.

24.

Er schlummert ein, und schläft in Einem
Zug
Noch immer fort, da schon des Sonnenwagens
Flug
Den Himmel halb getheilt.   Sein Alter ging
indessen
Um von der Burg die Lage auszuspähn,
Und zum Entführungswerk das nöth'ge vorzu-
sehn;
Derweil, am kleinen Herd, zu ihrem Mittagsessen
Die gute Wirthin Anstalt macht,
Halb mürrisch, daſs ihr Gast so lange nicht
erwacht.

25.

Sie schleicht zuletzt, um wieder durch die
Spalten
Zu gucken, an die Thür, und trifft (zu gutem
Glück
Für ihren Vorwitz) just den ersten Augenblick,
Da Hüons Augen sich dem goldnen Tag ent-
falten.

Frisch, wie der junge May sich an den Reihen
stellt,
Wenn mit den Grazien die Nymfen Tänze halten,
Hebt sich mit halbem Leib empor der schöne
Held,
Und rathet, was zuerst ihm in die Augen fällt?

26.

Ein Kaftan, wie ihn nur die höchsten Emirn
tragen,
Wenn sich der Hof zu einem Feste schmückt,
Auf goldbeblümtem Grund mit Perlen reich ge-
stickt,
Liegt schimmernd vor ihm da, um einen Stuhl
geschlagen;
Ein Turban drauf, als wie aus Schnee gewebt,
Und, um ihn her, den Emir zu vollenden,
Ein diamantner Gurt, an dem ein Säbel schwebt,
So reich, dafs Scheid' und Griff ihm fast die
Augen blenden.

27.

Zum ganzen Putz, von Fufs zu Haupt,
Den Stiefelchen aus übergüld'tem Leder
Bis zu dem Demantknopf der hohen Straufsenfeder

Am Turban, mangelt nichts. Der gute Ritter
glaubt,

Ihm träume noch. Woher kann solcher Staat ihm
kommen?

Die Alte steht erstaunt. Das geht durch Zauberey,

Ruft sie; ich hätte doch sonst was davon ver-
nommen!

Der Zwerg, spricht Scherasmin, ist ganz gewifs dabey!

28.

Der Ritter glaubt es auch, und denkt: Durch
all' die Heiden

Im Vorhof macht mir diefs zum Hochzeitsable
Bahn.

Und flugs ist Kaftan, Gurt, und alles umgethan;

Die Wirthin spudet sich, ihn recht heraus zu
kleiden.

,,Allein was fangen wir mit diesem Turban an?

Das schöne gelbe Haar sein'twegen abzuschneiden?

Nicht um die Welt! — Doch still! es geht ja
wohl hinein;

Er scheint ja recht mit Fleifs dazu gewölbt zu
seyn!"

29.

Herr Hüon stand nunmehr, bis auf die lilien-
glatte

Bartlose Wange, wie ein wahrer Sultan da,
Indem das Mütterchen ihn um und um besah
Und immer noch an ihm zu putzen hatte.
Drauf, als der treue Scherasmin
Ihm was ins Ohr geraunt, beginnt er fortzugehen,
Reicht einen Beutel Gold der Wirthin freundlich
hin,

Und nun, lebt wohl, auf Wiedersehen!

30.

Nichts halb zu thun ist edler Geister Art.
Ein reich gezäumtes Rofs steht vor der Thür der
Alten,

Und neben ihm zwey Knaben, schön und zart,
In Silberstück, die ihm die goldnen Zügel halten.
Herr Hüon schwingt sich auf; die Knaben frisch
voran,

Und führen ihn auf einem Seitenwege,
Am Strome hin, durch blühende Gehäge,
Bis sie der hohen Burg sich gegenüber sahn.

31.

Schon ist er durch den ersten Hof gezogen,
Im zweyten steigt er ab, und geht zum dritten ein.
Er scheint ein Hochzeitgast vom ersten Rang zu
seyn,
Und überall, von diesem Schein betrogen,
Macht ihm die Wache Platz.   Er schreitet frey und
stolz
Daher, und nähert sich dem Thor von Ebenholz.
Zwölf Mohren, Riesen gleich, stehn mit gezücktem
Eisen
Die Unberechtigten vom Eingang abzuweisen.

32.

Allein des Ritters Staat und königlicher Blick
Drückt, wie er sich der hohen Pforte zeiget,
Die Säbelspitzen schnell zurück,
Die fernher sich entgegen ihm geneiget.
Die Flügel rauschen auf.   Hoch schlägt sein Hel-
denherz,
Indem sie hinter ihm sich wieder wehend schliefsen.

Drauf führt ein Säulengang, an welchen Gärten
stiefsen,
Ihn noch zu einer Thür von übergüld'tem Erz.

33.

Ein grofser Vorsahl war's, mit Sklaven aller
Farben
Kombabischen Geschlechts erfüllt,
Die ewig hier am Quell der Freude darben,
Und, da ein Mann, von Emirsglanz umhüllt,
In ihre hohlen Augen schwillt,
Mit Blicken, die in Knechtsgestalt erstarben,
Die Arme auf die Brust ins Kreuz gefaltet, stehn,
Und kaum so muthig sind ihm hintennach zu
sehn.

34.

Schon tönen Cymbeln, Trommeln, Pfeifen,
Gesang und Saitenspiel vom Hochzeitsahle her;
Schon nickt des Sultans Haupt von Weindunst
doppelt schwer,
Und freyer schon beginnt die Freude auszu-
schweifen;

Der Braut allein theilt sich die Lust nicht mit
Die in des Bräut'gams Augen glühet:
Als, eben da sie starr auf ihren Teller siehet,
Herr Hüon in den Sahl mit edler Freyheit tritt.

35.

Er naht der Tafel sich, und alle Augen-
braunen
Ziehn sich erstaunt empor, den Fremden anzu-
schauen.
Die schöne Rezia, die ihre Träume denkt,
Hält auf den Teller noch den ernsten Blick
gesenkt;
Auch der Kalif, den Becher just zu leeren
Beschäftigt, läſst sich nichts in seinem Opfer
stören:
Nur Babekan, den seines nahen Falls
Kein guter Geist verwarnt, dreht seinen langen
Hals.

36.

Sogleich erkennt der Held den losen Mann
von gestern,
Der sich vermaſs der Christen Gott zu lästern:

Er ist's, der links am goldnen Stuhle sitzt
Und seinen Nacken selbst der Straf' entgegen
     bieget.

Rasch, wie des Himmels Flamme, blitzt
Der reiche Säbel auf, der Kopf des Heiden flieget,
Und hoch aufbrausend überspritzt
Sein Blut den Tisch, und den, der ihm zur Seite
     lieget.

37.

Wie der Gorgone furchtbars Haupt
In Perseus Faust den wild empörten Schaaren
Das Leben stracks durch seinen Anblick raubt;
Noch dampft die Königsburg, noch schwillt der
     Aufruhr, schnaubt
Die Mordlust ungezähmt im Busen der Barbaren;
Doch Perseus schüttelt kaum den Kopf mit Schlan-
     genhaaren,
So starrt der Dolch in jeder blut'gen Hand,
Und jeder Mörder steht zum Felsen hingebannt:

So stockt auch hier, beym Anblick solcher
kecken
Verrätherischen That, des frohen Blutes Lauf
In jedem Gast. Sie fahren allzuhauf,
Als sähn sie ein Gespenst, von ihren Sitzen auf
Und greifen nach dem Schwert. Allein, gelähmt
vom Schrecken,
Erschlafft im Ziehn der Arm, und jedes Schwert
blieb stecken;
Ohnmächt'gen Grimm im starren Blick,
Sank sprachlos der Kalif in seinen Stuhl zurück.

39.

Der Aufruhr, der den ganzen Sahl empöret,
Schreckt Rezien aus ihrer Träumerey:
Sie schaut bestürzt sich um, was dessen Ursach sey;
Und, wie sie sich nach Hüons Seite kehret,
Wie wird ihm, da er sie erblickt!
Sie ist's, sie ist's, ruft er, und läfst entzückt
Den blut'gen Stahl und seinen Turban fallen,
Und wird von ihr erkannt, wie seine Locken
wallen.

40.

Er ist's, beginnt auch sie zu rufen, doch die
Scham
Erstickt den Ton in ihrem Rosenmunde.
Wie schlug das Herz ihr erst, da er geflogen kam,
Im Angesicht der ganzen Tafelrunde
Sie liebeskühn in seine Arme nahm,
Und, da sie glühend bald, bald blaſs wie eine
Büste,
Sich zwischen Lieb' und jungferlichem Gram
In seinen Armen wand, sie auf die Lippen küſste!

41.

Schon hatt' er sie zum zweyten Mahl geküſst;
Wo aber nun den Trauring her bekommen?
Zum Glücke, daſs der Ring an seinem Finger ist,
Den er im Eisenthurm dem Riesen abgenommen.
Zwar, wenig noch mit dessen Werth' vertraut,
Schien ihm, dem Ansehn nach, der schlecht'ste
kaum geringer:
Doch steckt er ihn aus Noth itzt an des Fräuleins
Finger,
Und spricht: So eign' ich dich zu meiner lieben
Braut!

42.

Er küßt mit diesem Wort die sanft bezwungne
Schöne
Zum dritten Mahl auf ihren holden Mund.
Ha! schreyt der Sultan auf, und knirscht, und
stampft den Grund
Vor Ungeduld, ihr leidet daß der Hund
Von einem Franken so mich höhne?
Ergreift ihn! Zaudern ist Verrath!
Und, tropfenweis erpreßt, versöhne
Sein schwarzes Blut die ungeheure That!

43.

Auf einmahl blitzen hundert Klingen
In Hüons Aug', und kaum erhascht er noch,
Eh' sie im Sturm auf ihn von allen Seiten dringen,
Sein hingeworfnes Schwert. Er schwingt es
dräuend. Doch
Die schöne Rezia, von Lieb' und Angst ent-
geistert,
Schlingt einen Arm um ihn, macht ihre Brust zum
Schild

Der seinigen — der andre Arm bemeistert
Sich seines Schwerts. Zurück, Verwegne, schreyt
        sie wild.

44.

  Zurück! es ist kein Weg zu diesem Busen
Als mitten durch den meinen! ruft sie laut;
Und ihr, noch kaum so sanft wie Amors holde
        Braut,
Giebt die Verzweiflung jtzt die Augen von Me-
        dusen.
Vermefsne, haltet ein, ruft sie den Emirn zu,
Zurück! — O schone sein, mein Vater! und,
        o du,
Den zum Gemahl das Schicksal mir gegeben,
O spart mein Blut in euer beider Leben!

45.

  Umsonst! des Sultans Wuth und Dräun
Nimmt überhand, die Heiden dringen ein.
Der Ritter läfst sein Schwert vergebens blitzen,

Noch hält ihm R e z i a den Arm. Ihr ängstlich
　　　　　　Schreyn
Durchbohrt sein Herz. Was bleibt ihm sie zu
　　　　　　schützen
Noch übrig, als sein Horn von Elfenbein?
Er setzt es an den Mund, und zwingt mit sanftem
　　　　　　Hauche
Den schönsten Ton aus seinem krummen Bauche.

46.

Auf einmahl fällt der hoch gezückte Stahl
Aus jeder Faust; in raschem Taumel schlingen
Der Emirn Hände sich zu tänzerischen Ringen;
Ein lautes H u s s a schallt Bacchantisch durch den
　　　　　　Sahl,
Und Jung und Alt, was Füfse hat, mufs springen;
Des Hornes Kraft läfst ihnen keine Wahl:
Nur R e z i a bestürzt diefs Wunderwerk zu sehen,
Bestürzt und froh zugleich, bleibt neben H ü o n
　　　　　　stehen.

47.

Der ganze D i v a n dreht im Kreis
Sich schwindelnd um; die alten Bassen schnalzen

Den Takt dazu; und, wie auf glattem Eis,
Sieht man den Imam selbst mit einem Himmling
   walzen.
Noch Stand noch Alter wird gespart;
So gar der Sultan kann der Lust sich nicht
   erwehren,
Faßt seinen Großwessir beym Bart,
Und will den alten Mann noch einen Bockssprung
   lehren.

48.

Die nie erhörte Schwärmerey
Lockt bald aus jedem Vorgemache
Der Kämmerlinge Schaar herbey,
Sodann das Frauenvolk, und endlich gar die Wache.
Sie all' ergreift die lust'ge Raserey:
Der Zaubertaumel setzt den ganzen Harem frey;
Die Gärtner selbst in ihren bunten Schürzen
Sieht man sich in den Reihn mit jungen Nymfen
   stürzen.

49.

Als eine, die kaum ihren Augen glaubt,
Steht Rezia, des Athems fast beraubt.

Welch Wunder! ruft sie aus; und just in dem
            Momente,
Wo nichts als diess uns beide retten könnte!
Ein guter Genius ist mit uns, Königin,
Versetzt der Held.   Indem kommt, durch die
            Haufen
Der Tanzenden sein treuer Scherasmin
Mit Fatmen gegen sie gelaufen.

50.

Kommt, keicht er, lieber Herr! Wir haben
            keine Zeit
Dem Tanzen zuzusehn; die Pferde stehn bereit,
Die ganze Burg ist toll, die Thüren alle offen
Und unbewacht; was säumen wir?
Auch hab' ich unterwegs Frau Fatmen angetroffen,
Zur Flucht bepackt als wie ein lastbar Thier.
Sey ruhig, spricht der Held, noch ist's nicht Zeit
            zu gehen,
Erst muss das Schwerste noch geschehen.

51.

Die schöne Rezia erblasst bey diesem Wort,
Ihr ängstlich Auge scheint zu fragen und zu bitten:
„Warum verziehn? warum am steilen Bord

Des Untergangs verziehn? O laß mit Flügel-
schritten
Uns eilen, eh' der Taumelgeist zerrinnt,
Der unsrer Feinde Sinnen bind't!"
Doch H ü o n, unbewegt, begnüget sich, mit Blicken
Voll Liebe ihre Hand fest an sein Herz zu drücken.

52.

Allmählich ließ nunmehr die Kraft des Hornes
nach;
Die Köpfe schwindelten, die Beine wurden schwach,
Kein Faden war an allen Tänzern trocken,
Und, in der athemlosen Brust
Geschwellt, begann das dicke Blut zu stocken.
Zur Marter ward die unfreywill'ge Lust.
Durchnäßt, als stieg' er gleich aus einer Badewanne,
Schwankt der K a l i f auf seine Ottomanne.

53.

Mit jedem Augenblick fällt, starr und ohne
Sinn,
Da, wo rings um die Wand sich Polster schwel-
lend heben,

Ein Tänzer nach dem andern hin.

Emirn und Sklaven stürzen zappelnd neben

Göttinnen des Serai's, so wie's dem Zufall däucht,

Als ob ein Wirbelwind sie hingeschüttelt hätte,

So daſs zugleich auf Einem Ruhebette

Der Stallknecht und die Favoritin keicht.

54.

Herr Hüon macht die Stille sich zu Nutze,

Die auf dem ganzen Saale ruht;

Läſst seine Königin, nah bey der Thür, im

Schutze

Des treuen Scherasmin, dem er auf seiner Hut

Zu seyn gebeut; giebt ihm auf alle Fälle

Das Horn von Elfenbein, und naht sodann der

Stelle,

Wo der Kalif, vom Ball noch schwach und matt,

Auf einen Polsterthron sich hingeworfen hat.

55.

In dumpfer Stille liegt mit ausgespannten

Flügeln

Leis' athmend die Erwartung rings umher.

Die Tänzer all', von Schlaf und Taumel schwer,
Bestreben sich die Augen aufzuriegeln,
Den Fremden anzusehn, der sich, nach solcher
Thar,
Mit unbewehrter Hand und bittenden Geberden
Dem stutzenden Kalifen langsam naht.
Was, denkt man, wird aus diesem allen werden?

56.

Er läſst sich auf ein Knie vor dem Monarchen
hin,
Und mit dem sanften Ton und kalten Blick des
Helden
Beginnt er: „Kaiser Karl, von dem ich Dienst-
mann bin,
Läſst seinen Gruſs dem Herrn der Morgenländer
melden,
Und bittet dich — verzeih! mir fällt's zu sagen
hart!
Doch, meinem Herrn den Mund, so wie den Arm,
zu lehnen,
Ist meine Pflicht — um vier von deinen Backen-
zähnen
Und eine Hand voll Haar aus deinem Silberbart."

57.

Er spricht's und schweigt, und steht gelassen
Des Sultans Antwort abzupassen.
Allein, wo nehm' ich Athem her, den Grimm
Des alten Herrn mit Worten euch zu schildern?
Wie seine Züge sich verwildern,
Wie seine Nase schnaubt? mit welchem Unge-
stüm
Er auf vom Throne springt? wie seine Augen
klotzen,
Und wie vor Ungeduld ihm alle Adern strotzen?

58.

Er starrt umher, will fluchen, und die Wuth
Bricht schäumend jedes Wort aus seinen blauen
Lippen.
Auf, Sklaven! reifst das Herz ihm aus den Rippen!
Zerhackt ihu Glied für Glied! zapft sein verruch-
tes Blut
Mit Pfriemen ab! weg mit ihm in die Flammen!
Die Asche streut in alle Winde aus,

Und seinen Kaiser Karl, den möge Gott ver-
dammen!
Was? Solchen Antrag? Mir? In meinem eignen
Haus?

59.

Wer ist der Karl der gegen mich sich brüstet?
Und warum kommt er nicht, wenn's ihn
So sehr nach meinem Bart und meinen Zähnen
lüstet,
Und wagt's, sie selber auszuziehn?
Der Mensch muß unter seiner Mütze
Nicht richtig seyn, versetzt ein alter Kan:
So etwas allenfalls begehrt man an der Spitze
Von dreymahl hundert tausend Mann.

60.

Kalif von Bagdad, spricht der Ritter,
Mit edlem Stolz, laß alles schweigen hier,
Und höre mich! Es liegt schon lange schwer auf
mir,
Karls Auftrag und mein Wort. Des Schicksals
Zwang ist bitter:

Doch seiner Oberherrlichkeit
Sich zu entziehn, wo ist die Macht auf Erden?
Was es zu thun, zu leiden uns gebeut,
Das muſs gethan, das muſs gelitten werden.

61.

Hier steh' ich, Herr, ein Sterblicher wie du,
Und steh' allein, mein Wort, trotz allen deinen
Wachen,
Mit meinem Leben gut zu machen:
Doch läſst die Ehre mir noch einen Antrag zu.
Entschlieſse dich von Mahomed zu weichen,
Erhöh' das heil'ge Kreuz, das edle Christenzeichen,
In Babylon, und nimm den wahren Glauben an,
So hast du mehr, als Karl von dir begehrt,
gethan.

62.

Dann nehm' ich's auf mich selbst, dich völlig
los zu sprechen.
Von jeder andern Forderung,
Und der soll mir zuvor den Nacken brechen,
Der mehr verlangt! So einzeln und so jung

Du hier mich siehst, was du bereits erfahren,
Verkündigt laut genug, dafs einer mit mir ist
Der mehr vermag als alle deine Schaaren.
Wähl' itzt das beste Theil, wofern du weise bist!

63.

Indefs, an Kraft und Schönheit einem Boten
Des Himmels gleich, der jugendliche Held,
Uneingedenk der Lanzen, die ihm drohten,
So mannhaft spricht, so muthig dar sich stellt:
Beugt Rezia von fern, mit glühend rothen
Entzückten Wangen, liebevoll
Den schönen Hals nach ihm, doch schaudernd, wie der Knoten
Von all' den Wundern sich zuletzt entwickeln
soll.

64.

Herr Hüon hatte kaum das letzte Wort ge-
sprochen,
So fängt der alte Schach wie ein Besefsner an
Zu schrey'n, zu stampfen und zu pochen,
Und sein Verstand tritt gänzlich aus der Bahn.

Die Heiden all' in tollem Eifer springen
Von ihren Sitzen auf mit Schnauben und mit
Dräun,
Und Lanzen, Säbel, Dolche dringen
Auf Mahoms Feind von allen Seiten ein.

65.

Doch Huon, eh' sie ihn erreichen, reifst in
Eile
Der Männer einem rasch die Stange aus der Hand,
Schlägt um sich her damit als wie mit einer
Keule,
Und zieht, stets fechtend, sich allmählich an die
Wand.
Ein grofser goldner Napf, vom Schenktisch weg-
genommen,
Dient ihm zugleich als Schild und als Gewehr;
Schon zappeln viel am Boden um ihn her,
Die seinem Grimm zu nah gekommen.

66.

Der gute Scherasmin, der an der Thüre fern
Zum Schutz der Schönen steht, glaubt seinen ersten
Herrn

Im Schlachtgedräng zu sehn, und überläfst voll
Freude
Sich einen Augenblick der süfsen Augenweide:
Doch bald zerstreut den angenehmen Wahn
Des Fräuleins Angstgeschrey; er sieht der Heiden
Rasen,
Sieht seines Herrn Gefahr, setzt flugs das Hift-
horn an
Und bläst, als läg' ihm ob die Todten aufzu-
blasen.

67.

Die ganze Burg erschallt davon und kracht;
Und stracks verschlingt den Tag die fürchterlich-
ste Nacht,
Gespenster lassen sich wie schnelle Blitze sehen,
Und unter stetem Donner schwankt
Des Schlosses Felsengrund. Der Heiden Herz
erkrankt;
Sie taumeln Trunknen gleich, Gehör, Gesicht
vergehen,
Der schlaffen Hand entglitschten Schwert und
Speer,
Und gruppenweis' liegt alles starr umher.

68.

Der Sultan, übertäubt von so viel Wunder-
dingen,
Scheint mit dem Tod den letzten Kampf zu ringen;
Sein Arm ist nervenlos, sein Athem schwer,
Sein Puls schlägt matt, und endlich gar nicht
mehr.
Auf einmahl schweigt der Sturm; ein lieblich säu-
selnd Wehen
Erfüllt den Sahl mit frischem Lilienduft,
Und, wie ein Engelsbild ob einer Todtengruft,
Läſst Oberon sich itzt auf einem Wölkchen
sehen.

69.

Ein lauter Schrey des Schreckens und der
Lust
Entfährt der Perserin; ein unfreywillig Grauen
Bekämpft in ihr das schüchterne Vertrauen.
Die Arme über ihre Brust
Gefaltet, steht sie glühend neben
Dem Jüngling da, dem sie ihr Herz gegeben,

Und wagt, der süßen Schuld jungfräulich sich
bewußt,
Zu ihrem Retter kaum die Augen zu erheben.

70.

Gut, Hüon, spricht der Geist, du hast dein
Ehrenwort
Gelöst, ich bin mit dir zufrieden.
Zum Ritterdank ist dir diefs schöne Weib beschie-
den!
Doch, eh' ihr euch entfernt von diesem Ort,
Bedenke Rozia, wozu sie sich entschliefset,
Eh' sie vielleicht mit unfruchtbarer Reu
Die rasche Wahl verführter Augen büfset!
Zu bleiben oder gehn läfst ihr das Schicksal frey.

71.

So vieler Herrlichkeit entsagen,
Verlassen Hof und Thron, dem sie geboren ward,
Um sich, auf ungewisse Fahrt,
Ins weite Meer der Welt mit einem Mann zu
wagen;

Zu leben ihm allein, mit ihm den Unbestand
Des Erdenglücks, mit ihm des Schicksals Schläge
tragen,
(Und ach! oft kommt der Schlag von einer lieben
Hand!)
Da lohnt sich's wohl, vorher sein Herz genau zu
fragen.

72.

Noch, Rezia, wenn dich die Wage schreckt,
Noch steht's bey dir den Wunsch der Liebe zu
betrügen:
Sie schlummern nur, die hier als wie im Grabe
liegen;
Sie leben wieder auf, so bald mein Stab sie weckt.
Der Sultan wird dir gerne, was geschehen,
Verzeihn, trotz dem was er dabey verlor,
Und Rezia wird wieder wie zuvor
Von aller Welt sich angebetet sehen.

73.

Hier schwieg der schöne Zwerg. Und, blei-
cher als der Tod
Steht Hüon da, das Urtheil zu empfangen,

Womit ihn Oberon, der Grausame! bedroht.
In Asche sinkt das Feuer seiner Wangen.
Zu edel oder stolz, vielleicht ein zweifelnd Herz
Mit Liebesworten zu bestechen,
Starrt er zur Erde hin mit tief verhaltnem
                              Schmerz,
Und läfst nicht einen Blick zu seinem Vortheil
                              sprechen.

74.

Doch Rezia, durchglüht von seinem ersten
                              Kufs,
Braucht keines Zunders mehr die Flamme zu
                              erhitzen.
Wie wenig däucht ihr noch was sie verlassen mufs,
Um alles was sie liebt in Hüon zu besitzen!
Von Scham und Liebe roth bis an die Finger-
                              spitzen,
Verbirgt sie ihr Gesicht und einen Thränengufs
In seinem Arm, indem, hochschlagend von Ent-
                              zücken,
Ihr Herz empor sich drängt, an seines sich zu
                              drücken.

75.

Und Oberon bewegt den Lilienstab
Sanft gegen sie, als wollt' er seinen Segen
Auf ihrer Herzen Bündnifs legen,
Und eine Thräne fällt aus seinem Aug' herab
Auf beider Stirn. So eil' auf Liebesschwingen,
Spricht er, du holdes Paar! Mein Wagen steht
                                          bereit,
Bevor das nächste Licht der Schatten Heer zer-
                               streut,
Euch sicher an den Strand von Askalon zu
                          bringen.

76.

Er sprach's, und eh' des letzten Wortes Laut
Verklungen war, entschwand er ihren Augen.
Wie einem Traum entwacht, steht Hüons schöne
                          Braut,
Den süfsen Duft begierig aufzusaugen,
Der noch die Luft erfüllt. Drauf sinkt ein scheuer
                          Blick
Auf ihren Vater hin, der wie in Todesschlummer

Zu starren scheint. Sie seufzt, und wehmuths-
voller Kummer
Mischt Bitterkeit in ihres Herzens Glück.

77.

Sie hüllt sich ein. Herr Huon, dem die Liebe
Die Sinne schärft, sieht nicht so bald
Ihr Herz beklemmt, ihr schönes Auge trübe,
So drückt er sie mit zärtlicher Gewalt,
Den rechten Arm um ihren Leib gewunden,
Zum Sahl hinaus. — Komm, spricht er, eh' die
Nacht
Uns überrascht, und jeder Arm erwacht,
Den, uns zu Lieb', der Geist mit Zauberschlaf
gebunden.

78.

Komm, laß uns fliehn, eh' uns den Weg zur
Flucht
Ein neuer Feind vielleicht zu sperren sucht;
Und sey gewiß, sind wir nur erst geborgen,
Wird unser Schützer auch für diese Schläfer sorgen.
Dieß sprechend trägt er sie mit jugendlicher Kraft

Die Marmortrepp' hinunter bis zum Wagen,
Den Oberon zu ihrer Flucht verschafft,
Und eine süßre Last hat nie ein Mann getragen.

79.

Die ganze Burg ist furchtbar still und leer
Wie eine Gruft, und Leichen ähnlich liegen
In tiefem Schlaf die Hüter hin und her;
Nichts hemmt der Liebe Flucht; der Wagen wird
bestiegen:
Doch traut das Fräulein sich dem Ritter nicht
allein;.
Mit Scherasmin steigt auch die Amme hastig
ein.
Sie, die zum ersten Mahl so viele Wunder siehet,
Die arme Frau weiß nicht wie ihr geschiehet.

80.

Wie wird ihr da sie rückwärts schaut
Und sieht, an Pferde Statt, vier Schwanen vor dem
Wagen,

Regiert von einem Kind! — Wie schaudert ihr die
Haut,
Da sie empor gelupft und durch die Luft getragen
Sich fühlt, und kaum zu athmen sich getraut,
Und nicht begreifen kann, wie, ohne umzuschla-
gen,
So schwer bepackt, der Wagen sich erhebt,
Und, steter als ein Kahn, auf leichten Wolken
schwebt!

81.

Als endlich gar die Nacht sie überfiel,
Was Wunder, dafs die Furcht zuletzt die Scham
besiegte,
Und Fatme so gedrang an Scherasmin sich
schmiegte,
Als wie zum Schlaf an ihren lieben Pfühl!
Vermuthlich dafs der Mann dazu sich willig fügte;
In solchen Fällen mischt das Herz sich gern ins
Spiel:
Jedoch gereicht zum Ruhm des wackern Alten,
Dafs er wie reines Gold diefs Feuer ausgehalten.

82.

Ganz anders war das junge Paar gestimmt,
Das Amor itzt mit seiner Mutter Schwanen
Davon zu führen schien. Ob auf gewohnten
Bahnen
Den Lauf ihr Zauberfuhrwerk nimmt,
Ob durch die Luft, ob's rollet oder schwimmt,
Ob langsam oder schnell, mit Pferden oder
Schwanen,
Sanft oder hart, mit oder ohne Fahr,
Sie werden nichts von allem dem gewahr.

83.

Ein neuer Wonnetraum, ein seliges Entzücken
Ins Paradies, dünkt sie ihr gegenwärt'ger Stand;
Sie können nichts, als stumm, mit nimmer satten
Blicken,
Sich anschaun, eins des andern warme Hand
Ans volle Herz in süfser Inbrunst drücken,
Und, während Himmel und Erd' aus ihren Augen
schwand,

Und sie allein noch übrig waren, fragen:
Ist's, oder träumt uns noch? Sind wir in Einem
Wagen?

84.

„So war's kein Traum als ich im Traum dich
sah?
(Rief jedes aus) So war es Rezia?
War's Hüon? und ein Gott hat dich mich finden
lassen?
Du mein? — ich dein? — Wer durft' es hoffen,
wer?
So wundervoll vereint, uns nimmer nimmermehr
Zu trennen! Kann das Herz so viele Wonne
fassen?"
Und dann von neuem stets einander angeblickt,
Von neuem Hand um Hand an Mund und Herz
gedrückt!

85.

Vergebens hüllt die Nacht mit dunstbeladnen
Flügeln
Den Luftkreis ein; diefs hemmt der Liebe Sehkraft
nicht:

Aus ihren Augen strahlt ein überirdisch Licht,
Worin die Seelen selbst sich in einander spiegeln.
Nacht ist nicht Nacht für sie; Elysium
Und Himmelreich ist alles um und um;
Ihr Sonnenschein ergiefset sich von innen,
Und jeder Augenblick entfaltet neue Sinnen.

86.

Allmählich wiegt die Wonnetrunkenheit
Das volle Herz in zauberischen Schlummer;
Die Augen sinken zu, die Sinne werden stummer,
Die Seele dünkt vom Leibe sich befreyt,
In Ein Gefühl beschränkt, so fest von ihm um-
schlungen!
So inniglich von ihm durchathmet und durch-
drungen!
Beschränkt in Eins, in diesem Einen, blofs.
Sich fühlend — Aber, o diefs Eins, wie gren-
zenlos!

Varianten.

Stanze 5. vers 7, 8.

(*a*) Umsonst bemüht, sich wieder einzuwiegen,
Muſs ſie am Schatten nun des Schattens sich vergnügen.

St. 6. v. 7, 8.

(*a*) Den ſeidnen Vorhang weg, und findet u. s. w.
Sie hell erwacht, u. s. w.

St. 10. v. 1, 2.

(*a*) Bey diesem Wort zieht sie mit feur'gem
Blicke
Aus ihrem Busen u. s. w.

St. 12. v. 1 — 3.

Kaum hatte sie die Worte ausgesprochen,
So hört man an der kleinen Thüre pochen,
Die aus dem Schlafgemach in Fatmens Zelle
führt.

v. 4 — 8.

(*a*) Die Dame eilt hinaus, und kommt nach einer
Weile
Fast athemlos zurück vor Freuden und vor Eile.
Ihr ganzes Antlitz glänzt. Sie ruft (doch so
gebunden
Ist ihre Zunge vor Lust, dafs sie den Ton ver-
liert:)
(*a. b*) Prinzessin! Jubilo! der Ritter ist gefunden!

v. 4 — 6.

(*b*) Sie geht hinaus, und kommt nach einer klei-
nen Weile
So schnell zurück, dafs sie vor hast'ger Eile
Und Freudetrunkenheit u. s. w.

St. 17. v. 5.

(a) Kein Auge sah sie ohne Liebe an,

St. 18. v. 3.

(a) — — — und ihre vollen Wangen

St. 23. v. 5.

(a) Kaum aber hat dem Tag zu seiner goldnen
Bahn

St. 28. v. 4.

(a) Die Wirthin müht sich viel, ihn recht
u. s. w.

St. 29. v. 8.

Und nun, ade aufs Wiedersehn!

St. 30. v. 7.

An Eufrats Ufern hin u. s. w.

St. 35. v. 8.

(a) — — dreht seinen stolzen Hals.

St. 56. v. 1, 2.

(a) Sogleich erkennt der Held den Mann von
gestern,

Der sich verwog u. s. w.

v. 4.

(a. b) Und seinen Nacken selbst, als wie zur
Strafe, bieget.

St. 28. v. 3 — 5.

— — Sie fuhren allzuhauf,
Gespenstern gleich, von ihren Sitzen auf,
Und griffen u. s. w.

St. 40. v. 1.

(a) Er ist's, er ist's, rief sie — allein die Scham

St. 44. v. 3, 4.

(a) Und kaum so sanft und hold wie Amors
Braut,

Macht die Verzweiflung sie so gräfslich wie Medusen.

(b) Und kaum so sanft wie Amors holde Braut,

Giebt die Verzweiflung ihr die Augen von Medusen.

St. 47. v. 8.

(a) Und will den alten Kerl u. s. w.

St. 48. v. 3.

Erst die Verschnittenen herbey,

St. 50. v. 3.

(a) — — — die Thüren stehen offen

Mit der 64sten Stanze fängt in der ersten
Ausgabe der sechste Gesang an.

St. 64. v. 2.

(a) So fängt der alte Herr u. s. w.

St. 68. v. 8.

Läfst Ob'ron sich auf einem Wölkchen sehen.

St. 71. v. 7.

(Und ach! oft kommt der Schlag von der geliebten Hand!)

St. 80. v. 1.

(*a*) Wie wird ihr erst, indem sie rückwärts
schaut

v. 5.

(*a*) — · — — und denket, wie's ihr graut,

St. 81. v. 4.

(*a*) Als wie, wer schlafen will, an seinen lieben
Pfühl.

St. 83. v. 7.

(*a*) Und sie allein noch übrig sind, sich fragen:

O B E R O N

SECHSTER GESANG.

1.

Kaum fing Aurora an die Schatten zu verjagen,
Und schloſs dem Tag mit ihrer Rosenhand
Die Pforten auf, so hielt der Schwanenwagen,
Nicht weit vom seebespülten Strand
Von Askalon, im Schirm von hohen Palmen-
blumen,
Auf einmal still. Ein sanfter Stoſs
Weckt unser doppelt Paar, dieſs aus des Schlum-
mers Schooſs,
Und jenes aus der Liebe wachen Träumen.

2.

In süſsem Schrecken bebt die Sultanstochter auf,
Indem, zum ersten Mahl, vom Morgen ange-
strahlet,
Das Weltmeer grenzenlos sich in ihr Auge mahlet.

Voll Wunders schweift in ungehemmtem Lauf
Der ausgedehnte Blick auf diesen Wasserhöhen;
Die Unermefslichkeit scheint vor ihr aufgethan:
Doch, mitten in der Lust kommt sie ein Schau-
dern an,
Im Unermefslichen sich selbst so klein zu sehen.

5.

Ein grauer Flor umnebelt ihren Blick.
Wo bin ich? ruft sie. Doch, Herr Hüon, der
am Wagen
Mit offnen Armen steht ins Grüne sie zu tragen,
Bringt den verschwebten Geist schnell zu sich
selbst zurück.
Sey, spricht er, ohne Furcht, mein Leben,
(Indem er seinen Mund von Lieb' und Sehnsucht
warm
Auf ihren Busen drückt, den stille Seufzer heben)
Sey ohne Furcht, du bist in meinem Arm.

4.

Mit Wonne fühlt sie sich itzt wieder ganz
umgeben
Von ihrer Liebe, ganz in seinen Arm versenkt,

Und junger Efeu·kann am Stamm nicht brünst'ger
kleben
Als sie um seinen Leib die runden Arme schränkt.
So eilt er mit der süfsen Beute
Den Palmen zu; setzt dann auf weiches Moos
Sie in den Schatten hin, sich selbst an ihre
Seite,
Und tauschte seinen Platz um keines Sultans
Loos.

5.

Bald findet auch mit Fatme sich bey ihnen
Sein Alter ein, entschlossen, er und sie,
Bis auf den letzten Hauch dem lieben Paar zu
dienen.
Kaum hatte Scherasmin im Grünen
Bey seinem Herrn, und Fatme nah am Knie
Der jungen Dame Platz genommen,
Schnell, wie ein Blitz der Fantasie,
Kam durch die Luft der schöne Zwerg ge-
schwommen.

6.

Aus seinen Augen brach durch sanft bewölkten
Gram
Der Freundschaft mildes Licht, und als er näher
kam,
Sahn sie ein Kästchen, dicht besetzt mit Edel-
steinen,
In seinem linken Arm wie eine Sonne scheinen.
Freund Hüon, sprach der Geist, nimm diefs aus
meiner Hand,
Wiewohl dich Karl dazu ausdrücklich nicht ver-
pflichtet:
Wenn du ihn wiedersiehst, so dien' es ihm zum
Pfand,
Dafs du, was er begehrt, buchstäblich ausgerichtet!

7.

Ihr merkt, (wiewohl in Rezia's Gegenwart
Nicht schicklich war es laut zu offenbaren)
Dafs des Kalifen Zähn' und Bart,
In Baumwoll' eingepackt, in diesem Kästchen
waren.

Es hatte, während dafs der Sultan noch erstarrt
In seinem Lehnstuhl lag, von O b e r o n s unsicht-
                                    baren
Trabanten einer sich behend ans Werk gemacht,
Und alles, ohne Scher' und Pelikan, vollbracht.

8.

Eilt nun, so fuhr er fort, bevor euch nachzu-
                                    jagen
Der Sultan Zeit gewinnt! Dort auf der Rhede
                                    liegt
Ein Schiff, das ohne Harm in sechs bis sieben
                                    Tagen
Mit euch bis nach L e p a n t o fliegt;
Dort findet ihr, so bald ihr angekommen,
Ein andres schon bereit, das nach S a l e r n euch
                                    bringt;
Und dann, so schnell als Lieb' und Sehnsucht euch
                                    beschwingt,
Geraden Wegs den Lauf nach R o m genommen!

9.

Und tief, o H ü o n, sey's in deinen Sinn
                                    geprägt!
So lange bis der fromme Papst S y l v e s t e r

Auf euter Herzen Bund des Himmels Weihung legt,
Betrachtet euch als Bruder und als Schwester.
Daſs der verbotnen ſüſsen Frucht
Euch ja nicht vor der Zeit gelüste!
Denn wisset, daſs im N u, da ihr davon versucht,
Sich O b e r o n von euch auf ewig trennen müſste.

10.

Er ſagt's, und seufzt, und stiller Kummer
schwillt
In seinem Aug'; er heiſset sie ihm nahen,
Und küſst sie auf die Stirn; und als sie aufwärts
sahen,
Zerfloſs er wie ein Wolkenbild
Aus ihrem Blick. Der goldne Tag verhüllt
Sein Antlitz; traurig rauscht's, wie Seufzer, durch
die Palmen,
Und Land und Meer scheint, dumpf und tief
erstillt,
In trübem Duft gestaltlos zu verqualmen.

11.

Ein seltsam Weh, ein stilles Bangen drückt
Das holde Paar; sie sehn mit blassen Wangen

Einander an; im offnen Mund erstickt
Was jedes sprechen will; sie wollen sich um-
fangen,
Und ein geheimes Grau'n hält ihren Arm. Allein
In einem Pulsschlag stürzt der dumpfe Nebel
nieder,
Lacht alles wie zuvor in goldnem Sonnenschein,
Und Muth und Freude kehrt in ihre Herzen
wieder.

12.

Sie eilen nach dem Schiff, und finden's, hoch
erfreut,
Zur Reise schon versehn und zierlich einge-
richtet
Durch ihres Schützers Gütigkeit.
Ein frischer Landwind weht, der Anker wird
gelichtet,
Das Seevolk jauchzt. Die Barke, vogelschnell,
Durchschneidet schon mit ausgespannten Flügeln
Die blaue Flut; die Luft ist rein und hell,
Und glatt das Meer um sich darin zu spiegeln.

13.

Sanft wiegend schwimmt, gleich einem stolzen
Schwan,
Das Schiff dahin, zum Wunder aller Söhne
Des Oceans, auf kaum gefurchter Bahn.
So eine Fahrt hat noch kein Mensch gethan,
Rief jeder aus. Der Ritter und die Schöne
Stehn, Arm in Arm geschlungen, Stunden lang
Auf dem Verdeck, und schau'n; und jede neue
Scene
Ist Opium für ihren Liebesdrang.

14.

Und wenn sie in die unabsehbarn Flächen
Hinaus sehn, wo in Luft der Wellen Blau zer-
rinnt,
Fängt H ü o n an von seinem Land zu sprechen,
Wie schön es ist, wie froh darin die Leute sind,
Und wie von Ost zum West die Sonne
Doch auf nichts holders scheinen kann
Als auf die Ufer der Garonne;
Und alles diefs beschwört sein alter Lehensmann.

15.

Dem hüpft das Herz, so oft er seinem lieben
Gaskogne, Hymnen singen kann!
Die schöne Rezia, wiewohl ihr dann und wann
Viel Worte unverständlich blieben,
Horcht unverwandt; denn das, wovon ihr nichts
entgeht,
Was mit unsäglichem Behagen,
So neu ihr's ist, ihr Herz unendlich leicht ver-
steht,
Ist — was ihr Hüons Augen sagen.

16.

Ein sanfter Druck der warmen Hand,
Ein Seufzer, der das volle Herz entladet,
Ein leiser Kuß, der Rosenwang' entwandt,
Und, o ein Blick, in Amors Thau gebadet,
Was überzeugt, gewinnt und rührt wie dieß?
Was geht so schnell, trotz dem behendsten
Pfeile,
Von Herz zu Herz, trifft so gewiß
Den Zweck, und macht so wenig lange Weile?

17.

In Seelgesprächen dieser Art
Verlor das Wortgespräch sich stets bey unsern
                                        beiden.
Oft schlichen sie, um Zeugen zu vermeiden,
In ihr Gemach, und standen da gepaart
Am offnen Fenster, oder safsen
Auf ihrem Sofa. Doch, auch dann nicht ganz
                                        allein;
Die Amme wenigstens mufs stets zugegen seyn;
Denn Hüon selber bat ihn nie allein zu lassen.

18.

Noch immer wiederhallt der schreckenvolle
                                        Ton
Des strengen „lafst euch nicht gelüsten"
In seinem Ohr; denn wifst sprach Oberon,
Dafs wir uns sonst auf ewig trennen müfsten.
Wie meinte das der Geist? Es war ein tiefer
                                        Sinn
In seinem Blick, der immer ernster, immer

Bewölkter ward; ach! Thränen schwammen drin,
Und sein Gesicht verlor den sonst gewohnten
Schimmer.

19.

Diefs schwellt mit Ahnungen des guten Ritters
Herz.
Er traut sich selbst nicht mehr; der Liebe leicht-
ster Scherz
Erweckt die Furcht, ob Oberon ihn verdamme.
Indessen frifst die eingeschlofsne Flamme
Sich immer tiefer ein. Die Luft, worin er lebt,
Ist Zauberluft, weil Rezia sie theilet;
Ihr Athem weht darin, ihr holder Schatten schwebt
Um jeden Gegenstand, auf dem sein Auge weilet.

20.

Und, o Sie selbst glänzt ihn im Morgenlicht,
Im Abendroth, im sanften Schattentage
Des Mondes an. In welcher schönen Lage,
In welcher Stellung reitzt ihr Nymfenwuchs ihm
nicht?
Der Schleier, der vor allen fremden Augen

Sie dicht umhüllt, fällt im Gemach zurück,
Erlaubt sogar dem furchtsam kühnen Blick
Sich, Bienen gleich, in Hals und Busen einzu-
saugen.

21.

Er fühlt die süße Gefahr. O, soll es möglich
seyn,
Du Schönste, ruft er oft, bis Rom es auszuhalten,
So wickle dich in sieben Schleier ein!
Verstecke jeden Reitz in tausend kleine Falten;
Laß über dieses Arms lebend'ges Elfenbein
Die weiten Ärmel bis zur Fingerspitze fallen,
Und ach! Freund Oberon, vor allen
Verwandle bis dahin mein Herz in kalten Stein!

22.

Es war, wiewohl ihm oft die Kräfte schier
versagen,
Des Ritters ganzer Ernst, den Sieg davon zu tragen
In diesem Kampf. Es däucht' ihn groß und schön
Das s c h w e r s t e Abenteu'r der Tugend
anzugehn,

Schon grofs und schön, es nur zu wagen,
Und zehnfach schön und grofs, es rühmlich zu
bestehn.
Allein, die Möglichkeit so einen Feind zu dämpfen,
Der immer stärker wird, je mehr wir mit ihm
kämpfen?

23.

Nichts ist, was diesem Feind so bald gewonnen
giebt,
Als bey der Schönen, die man liebt,
Sich dem Gefühl stillschweigend überlassen.
Zum Glück erinnert sich Herr Hüon seiner Pflicht,
Nach ritterlichem Brauch, sich mit dem Unterricht
Der Sultanstochter zu befassen.
Denn ach! das arme Kind lag noch im Heiden-
thum,
Und glaubt' an Mahomed, unwissend zwar
warum.

24.

Der Ritter, sie von dieser Pest zu heilen,
Eilt was er kann, (die Liebe hiefs ihn eilen)

Sein Bifschen Christenthum der Holden mitzu-
theilen.
An Eifer gab er keinem Märt'rer nach;
Er war an Glauben stark, wiewohl an Kenntnifs
schwach,
Und die Theologie war keineswegs sein Fach;
Sein *Pater* und sein *Credo*, ohne Glossen,
In diesen Kreis war all sein Wissen eingeschlossen.

25.

Doch was vielleicht an Licht und Gründlich-
keit
Der Lehre fehlt, ersetzt des Lehrers Feuer:
Herr Hüon, standsgemäfs ein Feind von Wörter-
streit,
Handhabt das Werk gleich einem Abenteuer,
Und was er glaubt, beschwört er hoch und
theuer,
Erbötig, dessen Richtigkeit
Dem ganzen Heidenthum mit seinem blanken Eisen
Zu Wasser und zu Land handgreiflich zu erwei-
sen.

26.

Groß ist in des Geliebten Mund
Der Wahrheit Kraft; das Herz, voraus mit ihm
in Bund,
Horcht ihm mit Lust und lehrbegier'gem Schweigen.
Was ist so leicht zu überzeugen
Als Liebe? Ein Blick, ein Kuß ist ihr ein Glau-
bensgrund.
Die Schöne, ohne sich in Fragen zu versteigen,
Glaubt ihrem Hüon nach, und macht in kurzer
Zeit
Ihr Kreuz an Stirn und Brust mit vieler Fer-
tigkeit.

27.

Das heil'ge Bad der Christen zu empfangen
Stand nun (wie unser Held in seiner Einfalt meint)
Ihr weiter nichts im Weg. Ihr ist's, um vor
Verlangen
Zu brennen, schon genug, daß er darnach zu
bangen
Und jedes Augenblicks Verzug zu hassen scheint.

Ein Jünger Sankt Basils, ein großer Heiden-
feind,
Der sich im Schiffe fand, wird leicht gewonnen, ihnen
Für die Gebühr hierin mit seinem Amt zu dienen.

28.

Die schöne Rezia, die nun Amanda hieß
Seitdem sie in den Christenorden
Getreten war, gewann nicht nur das Paradies,
Sie schien dadurch sogar noch eins so schön
geworden.
Allein von Hüon wich zur Stunde sichtbarlich
Sein guter Geist. Es war, im Taumel des Ent-
zückens,
Des Herzens und des Händedrückens
Kein End'. Umsonst zerwinkt der treue Alte sich;

29.

Vergebens stellt sich Fatme gegenüber:
Der gute Paladin in seinem Seelenfieber
Vergißt des Zwergs, der Warnung, der Gefahr.

Der Alte hätte sich zu Tode winken können,
Die Wonn', in die er ganz versunken war,
Sie, deren Kufs nun Engel selbst ihm gönnen,
Zu drücken an sein Herz, Amanda sie zu nennen,
Umnebelt seinen Blick, berauscht ihn ganz und
gar.

30.

Auch Rezia, seitdem sie von Amanden
Den Nahmen eingetauscht, glaubt freyer von den
Banden
Des Zwangs zu seyn, ist nicht mehr Rezia, ver-
gifst
Nun desto leichter Königswürde,
Hof, Vaterland, und kurz, was nicht Amanda ist.
Die Rückerinnerung, die sonst wie eine Bürde
Zuweilen noch an ihrem Nacken hing,
Fiel mit dem Nahmen ab, den sie im Tausch empfing.

31.

Sie ist nun ganz für Hüon neu geboren,
Gab alles, was sie war, für ihn,
Gab einen Thron um Liebe hin,

Und fühlt' in seinem Arm, sie habe nichts ver-
loren.
Sie gab sich weg, und ist Amando, nun
Für Liebe nur, durch Liebe nur zu leben,
Hat in der Welt nichts andres mehr zu thun,
Nichts andres zu empfangen noch zu geben.

32.

Der wackre Scherasmin, der das verliebte
Paar
In solcher Stimmung sieht, erschrickt vor ihren
Blicken.
Er wird darin ich weiſs nicht was gewahr,
Das lüstern ist verbotne Frucht zu pflücken.
Ein Zeuge drückte sie, das sah er offenbar.
Sie küſsten sich, so bald er nur den Rücken
Ein wenig kehrt, so rasch, so durstiglich,
Und wurden roth, so bald sein Auge sie bestrich.

33·

Im Spiegel seiner eignen Jugend
Sieht er nur allzu gut was beide nicht mehr sahn;
Sieht, einer Motte gleich, die unerfahrne Tugend

Sich ahnungslos der schönen Flamme nahn.
Wie lieblich zieht der Glanz, die sanfte Wär-
                                        me an!
Durch ihre Unschuld selbst betrogen
Umtaumelt sie das Licht in immer kleinern Bogen,
Und plötzlich ach! verbrennt sie ihre Flügel dran.

34.

In dieser Noth läfst der getreue Alte
(Mit Fatmen ingeheim zu diesem Zweck vereint)
Nichts unversucht, was ihm ein Mittel scheint,
Dafs wenigstens bis Rom des Ritters Weisheit
                                        halte;
Ihm fällt bald diefs bald jenes ein,
Sie zu beschäftigen, zu stören, zu zerstreun;
Zuletzt schlägt er, da alle Mittel fehlen,
Zur Abendkürzung vor, ein Mährchen zu erzäh-
                                        len.

35.

Ein Mährchen nennt' er es, wiewohl es frey-
                                        lich mehr
Als Mährchen war. Ihm hatt' es ein Kalender

Zu Basra einst erzählt, als er die Morgenländer
Nach seines Herren Tod durchirrte, lang' vorher,
Eh' in die Kluft des Libans aus den Wogen
Der stürmevollen Welt er sich zurückgezogen:
Und da es itzt in ihm gar lebhaft sich erneut,
Glaubt er, es sey vielleicht ein Wort zu rechter
Zeit.

36.

Und so beginnt er denn: Vor etwa hundert
Jahren
Lebt' an den Ufern des Tessin
Ein Edelmann, an Weisheit ziemlich grün,
Wiewohl sehr grau an Bart und Haaren;
Von Podagra und Gicht, der späten bittern Frucht
Zu viel genofsner Lust, fast täglich heimgesucht;
Ein Hofmann übrigens, galant und wohl erfahren,
Und in der Kriegeskunst der Minne wohl versucht.

37.

Dem war, nachdem er lang' sein sündliches
Vergnügen
Daran gehabt, im Hagestolzenstand

Auf Amors freyer Bürsch' Berg auf Berg ab im
Land
Herum zu ziehn, und, wo er Eingang fand,
Bey seines Nächsten Weib zu liegen;
Ihm, sag' ich, war zuletzt der Einfall aufgestiegen,
Den steifen Hals, noch an des Lebens Rand,
Ins sanfte Joch der heil'gen Eh' zu schmiegen.

38.

Mit viel Geschmack und wohl verkühltem Blut
Sucht er ein Kind sich aus, wie er's zu Tisch und
Bette,
Zu Scherz und Ernst, gerade nöthig hätte,
Zumahl zur Sicherheit; ein Mädchen, fromm und
gut,
Unschuldig, sittsam, unerfahren,
Keusch wie der Mond und frey von aller eiteln
Lust,
Jung überdiefs, pechschwarz von Aug' und Haaren;
Von Farbe rosenhaft, und rund von Arm und Brust.

39.

Von allen drey und dreyfsig Stücken,
Womit ein schönes Weib, sagt man, versehen ist,

Hätt' er kein einzigs gern an seiner Braut vermißt,
Am wenigsten das Aug', in dessen Feuerblicken
Ein feuchtes Wölkchen schwimmt, die kleine weiche Hand,
Die Lippen, die dem Kuſs entgegenschwellen,
Das runde Knie, der Hüften schöne Wellen,
Und unter sanftem Druck den süſsen Widerstand.

40.

Der gute alte Herr, beym Kauf so schöner Waare,
Vergaſs nur Eins — die fünf und sechzig Jahre,
Die seinen Kopf bereits mit Schnee bestreun.
Zwar macht' er, aus geheimer Vorempfindung,
Ausdrücklich zum Beding der ehlichen Verbindung,
Sie sollte reitzvoll, warm, und alles das, allein
Für ihn, und kalt wie Eis für jeden andern bleiben:
Allein, wer wird für Sie die Klausel unterschreiben?

41.

Rosette that's. Rosette war ein Kind,
War auf dem Land, dem Veilchen gleich, im Schatten

Verborgen aufgeblüht, war froh und leicht gesinnt,
Und sah in ihrem künftigen Herrn und Gatten
Nichts als den Mann der sie zur grofsen Dame
               macht,
Ihr reiche Kleider gab und tausend schöne Sachen,
Die Kindern, wie sie war, bey Tage Kurzweil
             machen;
An andres hatte noch ihr Herzchen nie gedacht.

42.

Die Hochzeit ward demnach mit grofser Pracht
             vollzogen.
Der edle Bräut'gam zwar ein wenig steif und
             schwer,
Stapft an Rosettens Hand gar ehrenfest einher,
Und wähnt sein Taufschein hab' um zwanzig ihn
             belogen.
Was Augen hat läuft schaarenweis' herbey
Den prächt'gen Kirchgang anzustaunen;
Ein stattlich Paar! hört man zu beiden Seiten
             raunen;
Sie gleichen sich — wie Januar und May.

43.

Rosettens Unschuld war (wie in dergleichen
Fällen
Gewöhnlich ist) des alten Gangolfs Stolz:
Er schien am zweyten Tag vor hohem Muth zu
schwellen,
Und schritt einher gerader als ein Bolz.
Es war der letzte Trieb von einem dürren Holz!
Die Übel, die sich gern zu grauer Liebe gesellen,
Begannen bald bey ihm sich reichlich einzustellen;
Je warmer Röschen ward, je mehr ihr Alter
schmolz.

44.

Indeß verdoppelt er auf andre Art die Proben
Von seiner Zärtlichkeit, beschenkt sie täglich
schier
Mit neuem Modekram, mit Spitzen, schönen
Roben,
Juwelen, kurz, mit allem was er ihr
An Augen ansehn kann. Es koste was es wolle,
Was ihr Vergnügen macht, das ist für ihn Genuß;

Er fordert nichts dafür als höchstens einen Kuſs;
Mit Einem Wort, er spielt die — Alten-Mannes-
Rolle.

45.

Rosette, jugendlich vergnügt mit ihrem Loos,
Spart auch dagegen nichts den Alten zu vergnügen
Nach seiner Art; setzt sich auf seinen Schooſs
So viel er will, und läſst auf seinem Knie sich
                        wiegen,
Läſst aus Gefälligkeit ihn tändeln wie er kann,
Pflegt seiner, liebevoll, in seinem Unvermögen;
Und, wandelt ihn (wie oft) die Schlafsucht an,
Darf er sein schweres Haupt auf ihren Busen
            legen.

46.

So lebten sie in Eintracht manches Jahr
Zusammen, keusch und treu wie fromme Turtel-
                        tauben,
So treu ergeben Sie, und Er so voller Glauben,
Daſs jedermann dadurch erbauet war.

Der gute Mann vergaſs bey ihren Scherzen
Sein Podagra und seine Rückenschmerzen,
Und seinetwegen bloſs beklagt in ihrem Herzen
Die junge Frau sein zehntes Stufenjahr.

47.

Allein, es kam; und ach! zu ihrem groſsen
Leide,
Ein Übel kam mit ihm auf G a n g o l f s graues
Haupt,
Das seiner liebsten Augenweide
Den armen Greis auf lebenslang beraubt.
Nie wird er wieder sich an ihren Blicken sonnen,
Nie wieder sehn diefs reitzende Oval,
Wovon zu Engeln und Madonnen
So mancher Mahler gern die sanften Züge stahl!

48.

Wer sollt' ihm nun die lange Zeit vertreiben,
Dem armen blinden Mann, hätt' er R o s e t t e n
nicht?
Was würd' aus ihm, wär's ihr nicht süſe Pflicht,

Untrennbar Tag und Nacht an ihn geklebt zu
                    bleiben,
Ihm immer Arm und Augenlicht
Zu leihn, für ihn zu lesen und zu schreiben,
Zu fragen was ihm fehlt, und, quälet ihn die
                    Gicht,
Mit leichter warmer Hand ihm Knie und Fuß zu
                    reiben?

49.

Rosette, immer sanft, gefällig, mitleids-
                    voll,
Entrichtet ohne Zwang und Murren
Der Ehstandspflicht auch diesen schweren Zoll;
Aufmerksam stets, (wiewohl bey seinem Knurren
Ihr heimlich oft die Gall' ein wenig schwoll)
Daß ja ihr Alter nichts zu klagen haben soll.
Zum Unglück fing er itzt, trotz ihrem guten
                    Willen,
In seinem Sorgenstuhl die schlimmste aller Grillen.

50.

Der ärgste Feind, der je sich aus der Hölle
                    schlich
Die Sterblichen zu necken und zu quälen,

Fuhr in den armen Mann, und plagt' ihn jämmer-
lich.

Alt, schwach und blind, wie konnt' er sich ver-
hehlen,

Rosette sey, so sehr sie einem Engel glich,

Doch nur ein Weib? Konnt's an Versuchern
fehlen?

Die Welt ist rings umher von offnen Augen voll,

Und ach! das Auge blind, das sie beleuchten soll!

51.

So jung, so schön, so ganz aus lauter Liebes-
zunder

Gewebt, wer kann sie sehn und nicht vor Sehnsucht glühn?

Wo sah man je so frische Wangen blühn?

Je Augen funkelnder und Lilienarme runder?

Zwar ist sie tugendhaft; sie wird ja freylich
fliehn:

Doch, wenn sie auf der Flucht nun glitschte?
wär' es Wunder?

Der Grund, worauf sie flieht, ist hell geschliffner
Stahl,

Und ach! die Einmahl fällt, die fällt für allemahl.

52.

Selbst ihre Tugenden, ihr sanftgefällig Wesen,
Ihr leichter Sinn, stets froh und guter Ding',
Was sonst an ihr das liebste ihm gewesen,
Die holde Scham sogar, womit sie ihn umfing,
Und was ihm sonst von ihren tausend Reitzen,
Entschleiert und verschönt, sein Seelenspiegel
weist,
Das alles hilft itzt nur dem Argwohn, der ihn
beißt,
Sich in sein wundes Herz noch tiefer einzubeitzen.

53.

Der Sklaverey, worin das gute junge Weib
Seit dieser Zeit verlechzt, ist keine zu vergleichen.
Stets angeschnallt an seinen siechen Leib,
Darf sie ihm Tag und Nacht nicht von der Seite
weichen.
Mißtrauisch aufgeschreckt von jedem leisen Wort,
Trägt er die Augen nun an seinen Finger-Enden.

Und Nachts liegt eine stets von seinen knot'gen
　　　　　　Händen
Bald da, bald dort auf ihr, aus Furcht sie schleich'
　　　　　　ihm fort.

54.

So sanft Rosetto war, so fiel doch solch
　　　　　　Betragen
Ihr schwer aufs Herz. Er nennt es Liebe zwar:
Allein sie sah zu wohl nur, was es war,
Und fing, anstatt sich fruchtlos zu beklagen,
Zu überlegen an. So neben einem Mann
Von siebenzig, mit Gicht und Stein beladen,
Durchs Leben, wie durch einen Sumpf, zu waden,
Und doch gequält dazu, däucht ihr ein harter
　　　　　　Bann.

55.

Gar vieles, was sie sonst geduldig übersehen,
Scheint in dem Licht, worin sie jetzt es sehen
　　　　　　muſs,
Höchst widerlich und gar nicht auszustehen.
Sein Zärtlichthun ist jetzt ihr herzlichster Ver-
　　　　　　druſs,

Sein Scherz unleidlich plump, und ekelhaft sein
Kuſs;
Wagt er noch mehr, so möchte man vergehen!
Und sie, o grausam! sie ist jung und schön für
ihn,
Und was ihm unnütz ist, muſs sie sich selbst
entziehn!

56.

Und was entschädigt sie? Der Stadt gesellige
Freuden,
Tanz, Schauspiel, alles das ist ihr verbotne Frucht!
Von niemand wird ihr altes Schloſs besucht;
Als gingen Geister drin, scheint jeder es zu meiden.
Ein groſser Garten, hoch mit einer Mau'r umfaſst,
Ist alles was sie hat — im Kreis sich zu bewegen;
Zum Träumen kann sie da an einen Baum sich
legen,
Und dann sogar ist ihr der blinde Mann zur Last.

57.

Ein junger Edelknecht, in Gangolfs Schloſs
erzogen
Und über seinen Stall gesetzt,

Wird itzt zum ersten Mahl betrachtenswerth
geschätzt.
Er hatte zwar schon lange sich verwogen,
Mit schmachtender Begier die Dame anzusehn,
Und oft gesucht ihr's mündlich zu gestehn,
Doch, da sie stets dem Anlaß ausgebogen,
Auch wieder ehrfurchtsvoll zurücke sich gezogen.

38.

Jetzt aber, da Verdruß und Gram
Und lange Weil' bey Tag, und noch langweil'gers
Wachen
Bey Nacht, Zerstreuungen ihr zum Bedürfniß
machen,
Kein Wunder, daß sie jetzt die Sache anders
nahm.
Es däucht ihr hart, in ihren schönsten Tagen
So gänzlich allem Trost des Lebens zu entsagen;
Und Walter, dessen Blick nun wieder Muth
bekam,
War unermüdet, sich zum Tröster anzutragen.

59.

Sein Eifer wächst je mehr er Raum gewinnt.

Er fleht; sie weigert sich: doch unvermerkt ent-

spinnt

Sich ein Verständniß zwischen ihnen,

Wovon die Augen blos die Unterhändler sind;

Denn Gangolf war nicht an den Ohren

blind,

Und öfters kann ein Ohr für hundert Augen

dienen.

Der Alte spitzt die seinen gleich und lauscht

Wenn von Rosettens Kleid nur eine Falte rauscht.

60.

Ein solcher Zwang verkürzt die Komplimente

Des Widerstands, und in sehr kurzer Zeit

Sind Walter und die Dame schon so weit

Daß nur die Frage ist, wie man sich nähern

könnte?

Von ihrem Drachen, den sein Husten Tag und

Nacht

Nicht ruhen läßt, gebannet und bewacht,

Was wird die junge Frau ersinnen,
Um etwas Raum und Zeit für Walter zu
gewinnen?

61.

Noth schärft den Witz. Indem sie hin und
her
Auf Wege denkt, erwählt, verwirft, im besten
Viel Schwierigkeiten sieht, fällt ihr von ungefähr
Ein Birnbaum ein mit stufengleichen Ästen,
Der, an der Rasenbank im Garten, wo sich, rund,
Um einen Marmorbrunnen, Hecken
Von Myrten ziehn, hoch überhangend stund,
Den Schattensitz vor Sonnengluth zu decken.

62.

Zu diesem anmuthsvollen Ort,
Den laue Lüftchen stets umfliegen,
Pflegt oft, zur Sommerszeit, wenn alles lechzt und
dorrt,
Mit seinem Weibchen sich der Alte zu verfügen,
Um an des Brunnens kühlem Bord

Ein Stündchen oder, zwey auf ihrem Sehoofs zu
    liegen —
Zum Garten hat jedoch den Schlüssel er allein,
Und aufser ihm und ihr kam keine Seel' hinein.

· 63.

Was nun zu thun, den Schlüssel zu bekom-
    men,
Den stets im Unterkleid der Alte bey sich führt?
Der wird beym Schlafengehn ganz sachte wegge-
    nommen,
Und, während dafs der Mann sein Ave psalmo-
    diert,
In Wachs gedrückt, sodann am nächsten Morgen
Der Abdruck unvermerkt in Walters Hand
    gespielt,
Und ein Postskript dazu, das ihm den Baum
    empfiehlt;
Das übrige wird Walter schon besorgen.

64.

Nun, was geschah? Es war ein schöner war-
    mer Tag
Zu End' Augusts, als unsern blinden Alten

Die Sonne lockt, wie er zuweilen pflag,
Die Mittagsruh im Myrtenrund zu halten.

Komm, meine Taube, spricht zu seinem andern
Ich

Der graue Tauber, komm, mein Röschen, führe
mich

Zu jenem stillen Grund, wo, seit er uns verbunden,

Der Gott der Eh' so oft uns Arm in Arm
gefunden.

65.

Rosette winkt, und Walter schleicht
voran;

Die Gartenthür wird leise, aufgethan
Und wieder zugemacht; dann geht es an ein
Fliegen

Dem Brunnen zu; der Birnbaum wird erstiegen,
Und, wo der breit'ste Ast sich sanft gebogen
krümmt,

Des Weibchens Thron im dichtsten Laub bestimmt.
Der Alte kommt indefs, mit ungewissen Tritten,
An seines Röschens Arm allmählich angeschritten.

66.

Weil nun der Mund beynah das einz'ge blieb,
Das noch, in viel und mancherley Gebrechen,
Ihm Dienste that, so war, von seiner Lieb'
Und von dem Paradies des Ehstands ihr zu sprechen,
Gewöhnlich das, womit er ihr die Zeit vertrieb.
Er mischte dann, vielleicht sie zu bestechen,
Von ihren Reitzungen viel Poesie hinein,
Und meistens kam ein Stück von Predigt hinter
drein.

67.

Aus diesem Ton war's unterwegs gegangen,
Und, da sie glücklich nun beym Brunnen ange-
langt,
(Wo, wie ihr wißt, der schöne Birnbaum prangt)
Da hatte Gargolf auch, nachdem er ihr die
Wangen
Gestreichelt, und (wiewohl vom Husten stark
geplagt)
Viel zärtliches und süßes vorgesagt,

Die Predigt ebon angefangen,
Die ihr im Angesicht des Birnbaums schlecht
behagt.

68.

Ist, sprach er — da er so, die Stirn an ihrer
Brust,
Im Schatten bey ihr sals, und an dem runden,
weichen,
Atlafsnen Arm sanft auf und ab zu streichen
Nicht müde ward — ist wohl der Unschuld unsrer
Lust,
Der Ruh, dem süfsen Trost, dem alle Freuden
weichen,
Dem Glück geliebt zu seyn, geliebt und sich
bewufst
Man sey es würdig — kurz, dem was du fühlen
mufst
Wenn du mich liebst, ein Glück auf Erden zu
vergleichen?

69.

O sprich, mein Röschen, hier begann
Der alte Herr noch zärtlicher zu streicheln —
Doch rede frey und ohne alles Heucheln,

(Denn einer höret uns, den niemand täuschen
kann)
Darf sich auch wohl dein armer blinder Mann,
Der dich so zärtlich liebt, darf sich dein Gangolf
schmeicheln,
Dafs du ihn wieder liebst? dafs er dein alles ist,
Dein ganzes Herz erfüllt, wie du sein Alles bist?

70.

Zwar freylich, wollten wir die alten Sagen
schätzen,
Wär' einem Mann nichts minder zu verzeihn,
Als an ein Weib sein ganzes Herz zu setzen,
Zu bau'n auf ihre Treu', zu trauen ihrem Schein.
Längst lehrten uns, aus Tonnen und von Thronen,
Der Narr Diogenes, die weisen Salomonen,
Es sey des Weibes Herz kein zuverlässig Gut,
Und ihrer List nichts gleich als ihre Wankelmuth.

71.

Nichts von den weltlichen Geschichten
Zu sagen, sehn wir nicht sogar das heil'ge
Buch

Den Ruhm der Weibertreu' von Anbeginn ver-
nichten?
Kam auf die Menschheit nicht durchs erste Weib
der Fluch?
Von seinen Töchtern ward der fromme L o t h
betrogen;
Die Kinder Gottes selbst, schon vor der grofsen
Flut,
Verbrannten sich, von Weibern angezogen,
Die Fittiche an ihrer strafbarn Gluth.

72.

Die D e l i l a'n, die J a e l n, J e s a b e l l e n
Und B a t h s e b a'n, und wie ihr Nahme heifst,
Ist unvonnöthen dir im Reihen aufzustellen,
Wiewohl die Schrift sie nicht der Treue halben
preist:
Doch diese J u d i t h, die den tapfern, frommen,
alten
Feldmarschall H o l o f e r n erst in die Arme schlingt,
Erst liebetrunken macht, und dann ums Leben
bringt,
Wer kann dabey der Thränen sich enthalten?

73.

Wär' aber auch der Weiber gröfste Zahl
An Lastern noch so reich, an Tugend noch so
kahl,
Dir, meine Einz'ge, Auserwählte,
Dir, meines Alters Trost und meiner Augen Licht,
Dir trau' ich's zu, du bliebst getreu an deiner
Pflicht,
Und fehltest nicht, wenn auch die beste fehlte.
Dein Gangolf, der so rein, so treu dich liebt,
Wird, o gewifs! von dir so grausam nie betrübt?

74.

Wozu, versetzt mit schuldbewufsten Wangen
Die junge Frau, und zieht den Schwanenarm,
Womit sie um den Gürtel ihn umfangen,
Mifsmuthig weg — wozu, versetzt sie rasch und
warm,
All diese Lytaney? Womit in meinem Leben
Hab' ich dazu Gelegenheit gegeben?
Wie? soll ich glauben, dafs dein Herz an meiner
Treu'
Nur einen Augenblick zu zweifeln fähig sey?

75.

Unglückliche! ist dieſs für alle meine Liebe
Zuletzt der Lohn? Wem gab ich ganz mich hin?
Der Unschuld erſten Kuſs, der Jugend erſte
Triebe,
Wer hatte sie? — Und ach! daſs ich zu zärtlich
bin,
Ist mein Verbrechen nun! Ein Herz ist ihm ver-
dächtig
Das keinen andern kennt, für ihn nur stärker
schlug!
Hoffärt'ger, hast du nicht an dieſem Sieg genug?
Auch quälen muſst du mich? O grausam! nieder-
trächtig!

76.

Hier hielt sie ein, als ob der übermäſsige
Schmerz
Die Stimm' in ihrer Brust erstickte;
Und schluchzend fiel der Greis ihr um den Hals
und drückte
Das treue Weib reumüthig an sein Herz,
O weine nicht, mein Liebchen, o verzeihe

Was Liebe nur gefehlt! Ich wollte nicht Verdrufs
Dir machen; o verzeih, und gieb mir einen Kufs!
Bey Gott! ich zweifle nicht an meines Röschens
Treue!

77.

So seyd ihr! sprach Rosett', indem sie sei-
nem Kufs
Sanft sträubend sich entzog, so seyd ihr Männer
alle!
Erst lockt ihr uns so schmeichelnd in die Falle,
Und habt ihr uns, macht ruhiger Genufs
Statt frischem Blut bey euch nur böse Galle.
Weh dann der armen Frau, die euch befried'gen
mufs!
Das Flämmchen selbst, das ihr so eifrig ange-
blasen,
Giebt euch zum Argwohn Stoff, und macht euch
heimlich Rasen.

78.

Der gute Mann, den sehr zur ungelegnen Zeit
Sein Hüftweh überfällt, weifs seinem armen Leibe
Sonst keinen Rath, als dem getreuen Weibe

Betheurungen zu thun von seiner Zärtlichkeit,

Und daß der Schatten nur von Argwohn himmel-

weit,

Von seinem Herzen sey und bleibe.

Somit bestätigt denn der neue Friedensschluß

Von beiden Theilen sich mit einem süßen Kuß.

79.

Das wackre Ehpaar sank, aus Leerheit oder

Fülle

Des Herzens, wie ihr wollt, in eine tiefe Stille.

Rosette seufzt. Der Alte fragt, warum?

Nichts, sagt sie wieder seufzend, und bleibt

stumm.

Er dringt in sie. „Sey unbesorgt, mein Lieber,

Es ist ein Lüstern nur, und geht vielleicht vor-

über." —

Ein Lüstern? — Ich versteh'! — Wie glücklich

machtest du

Mein Alter noch! — Sie schweigt und seufzt noch

eins dazu.

80.

Da hätten wir die Frucht von deinem kalten
        Baden,
Fuhr Gangolf fröhlich fort. Sag' an! es könnte
        dir,
Wenn du's verhielt'st, und dem Verborgnen scha-
        den!
O! spricht sie, sähest du den schönen Birnbaum
        hier,
So frisch von Laub, so strotzend voll beladen
Mit reifer goldner Frucht! die Äste brechen schier!
Ich sagte nichts, aus Furcht du möchtest zürnen,
Allein — ich gäb' ein Aug' um eine dieser Birnen!

81.

Ich kenn' ihn wohl, den Baum; er trägt im
        ganzen Land
Die beste Frucht, versetzt der gute Blinde:
Doch, sprich, wie machen wir's? Kein Mensch
        ist bey der Hand,
Es ist ein Erntetag, das ganze Hofgesinde
Im Feld zerstreut — der Baum ist hoch, und ich
Bin schwach und blind — O wäre nur der Bengel

Der Walter hier! — „Mir fällt was ein, mein
Engel,

Wir brauchen niemand sonst, spricht sie, als dich
und mich.

82.

Wär'st du so gut, und wolltest mit dem
Rücken

Nur einen Augenblick fest an den Stamm dick
drücken,

So wär's ein leichtes mir, hier von des Rasens
Saum

Dir auf die Schulter mich zu schwingen;
Von da ist's vollends auf den Baum
Zum ersten Ast zwey kleine Spangen kaum:
Ich bin im Klettern und im Springen
Von Kindheit an geübt — gewiss, es wird gelin-
gen."

83.

Von Herzen gern, versetzt der blinde Mann;
Und doch, mein Kind, wenn du zu Schaden
kämest?

Es bräch' ein Ast? was könnt' ich Armer dann
Zu deinem Beystand thun? — Wie, wenn du dich
bequemest
Zu warten? — „Sagt' ich nicht, daſs ich nicht
warten kann?
Ich sehe wohl, daſs du des kleinen Diensts dich
schämest;
Um alles wollt' ich dir nicht gern beschwerlich
seyn!
Und doch, wer sieht uns hier? Wir sind ja ganz
allein!"

54.

Was war zu thun? Es konnte leicht das
Leben
Von einem Erben gar bey dieser Lüsternheit
Gefährdet seyn; kurz, halb mit Zärtlichkeit
Halb mit Gewalt muſs Gangolf sich ergeben.
Er stämmt sich an, hilft selbst dem Weibchen auf,
Und vom geduld'gen Kopf des guten alten Narren
Schwingt sich Rosette frisch zum lüft'gen Sitz
hinauf,
Wo ihrer, unterm Laub, verstohlne Freuden
harren.

85.

Nun saſs von ohngefähr, da alles dieſs geschah,
Auf einer Blumenbank, dem guten blinden Alten
Vorüber, O b e r o n, um mit T i t a n i a,
Der F e e n k ö n i g i n, hier Mittagsruh zu halten:
Indeſs die zefyrgleiche Schaar
Der E l f e n, ihr Gefolg, zerstreut im ganzen
                Garten
Und meist versteckt in Blumenbüschen war,
Um schlummernd dort den Mondschein zu
                erwarten.

86.

Unsichtbar saſsen sie, und hörten alles an,
Was zwischen Mann und Frau sich eben zuge-
                tragen.
Zum Unglück, daſs sie auch die Birnbaumsscene
                sahn!
Dem E l f e n k ö n i g gab dieſs groſses Miſsbe-
                hagen.
Da, sprach er zu T i t a n i e n, sieht man nun
Wie wahr es ist, was alle Kenner sagen!

Was ist so arg, das nicht, um sich genug zu
thun,

Ein Weib die Stirne hat zu wagen?

87.

Ja wohl, Freund Salomon, bekennt dein
weiser Mund:

„Ein einzler Biedermann wird immer noch gesé-
hen;

Doch wandre einer mir ums weite Erdenrund

Nach einem frommen Weib, er wird vergebens
gehen!"

Siehst du, Titania, im Birnbaum dort versteckt

Das ungetreue Weib des blinden Mannes spotten?

Sie glaubt sich in der Nacht, die seine Augen
deckt,

So sicher als in Plutons tiefsten Grotten.

88.

Allein, bey meinem Thron, bey diesem Lilienstab,

Und bey der furchtbarn Macht, die mir das Reich
der Elfen

Mit diesem Zepter übergab,
Nichts soll ihr ihre List, nichts seine Blindheit

　　　helfen!

Nein, ungestraft in Oberons Angesicht
Sich ihres Hochverraths erfreuen soll sie nicht!
Ich will den Staar von Gangolfs Augen schlei-

　　　fen,

Und auf der frischen That soll sie sein Blick

　　　ergreifen!

89.

So? willst du das? versetzt mit raschem Sinn
Und Wangen voller Gluth die Feenkönigin;
So soll mein Schwur dem deinen sich vermählen!
So schwör' auch ich, so wahr ich Königin
Des Elfenreichs und deine Gattin bin,
Es soll ihr nicht an einer Ausflucht fehlen!
Ist Gangolf etwa ohne Schuld?
Ist Freyheit euer Loos, und unsers nur Geduld?

90.

Doch, ohne sich an ihren Zorn zu kehren,
Macht Oberon, was er geschworen, wahr.
Berührt von seinem Lilienstabe, klären

Sich Gangolfs Augen auf, verschwunden ist der
Staar.

Erstaunt, entzückt beginnt er aufzuschauen,

Sieht hin, und schüttelt sich als führ' ein Wespen-
schwarm

Ihm in die Augen, sieht, o Himmel! soll er
trauen?

Sein treues Röschen, ach! in eines Mannes Arm!

91.

Es kann nicht seyn! er hat nicht recht
gesehen;

Ihn blendete das lang' entwohnte Licht;

Unmöglich kann sich so das beste Weib vergehen!

Er schaut noch einmahl hin — Das nehmliche
Gesicht

Durchbohrt sein Herz. Ha, schreyt er, wie
besessen,

Verrätherin, Sirene, Höllngezücht,

Du scheuest dich vor meinen Augen nicht,

Der Ehr' und Treu' so schändlich zu vergessen?

92.

Rosette, wie vom Donner aufgeschreckt,
Fährt ängstlich auf, indem mit einem Zauber-
schleier
Ein unsichtbarer Arm den blassen Buhler deckt.
Was für ein seltsam Abenteuer
Stellt, denkt sie, just in diesem Nu, so sehr
Zur Unzeit, das Gesicht des alten Unholds her?
Doch, nach dem Wort der Königin der Elfen,
Fehlt ihr's an Witze nicht, sich aus der Noth zu
helfen.

93.

Was hast du, lieber Mann? ruft sie herab vom
Baum,
Was tobst du so? — „Du fragst noch, Unver-
schämte?"
Ich Arme! wie? Du giebst dem Argwohn Raum?
So lohnst du mir, daß mich dein Nothstand
grämte,
Daß ich, da nichts mehr half, durch schwarzer
Kunst Gewalt

Mit einem Geist in Mannsgestalt
Um dein Gesicht zu ringen mich bequemte,
Und, dir zu Lieb', im Kampf den rechten Arm
mir lähmte?

94.

Was Dank verdient, machst du sogar zu
Schuld,
Und schämst dich nicht mir solch ein Lied zu
singen?
Ha, schrie er, hier verlör' Sankt Hiob die Ge-
duld!
Was ich gesehen nennst du ringen?
So möge mir diefs neu geschenkte Licht
Des Himmels Wunderhand bewahren,
Und du, treuloses Weib, mögst du zur Hölle
fahren,
Wie mir ein ehrlich Wort zu deiner That ge-
bricht!

95.

„Wie? ruft sie aus, so kann mein Gangolf
sprechen?
Weh mir! ach! zu gewifs mufs etwas, was es sey,

An meinem Zauberwerk gebrechen;
Dein Aug' ist offenbar noch nicht von Wolken
frey!
Wie könnt'st du sonst, mit solchen harten Reden
Dein treues Weib zu morden dich entblöden?
Dein Sehen kann kein wahres Sehen seyn,
Es ist das Flimmern nur von ungewissem Schein."

96.

O daß es möglich wär' mich selbst zu hin-
tergehen,
Spricht Gangolf; wohl dem Mann den nur ein
Argwohn plagt!
Ich Unglücksel'ger hab's gesehen!
Gesehen was ich sah! — „Dem Himmel sey's
geklagt!
Ward je ein Weib unglücklicher geboren?
(Schreyt die Verrätherin mit einem Thränenguß)
O daß ich diesen Schmerz noch überleben muß!
Mein armer Mann hat den Verstand verloren!"

97.

Und welcher Mann von zärtlichem Gemüth
Verlör' ihn nicht, trotz allen seinen Sinnen,

Der Thränengüsse aus so schönen Augen rinnen
Und eine solche Brust von Seufzern schwellen
     sieht?
Der Alte kann nicht länger widerstehen:
Gieb dich zufrieden, Kind, ich war zu rasch, zu
     warm;
Verzeih, und komm herab in deines Gangolfs
     Arm,
Es ist nun sonnenklar, ich hatte falsch gesehen!

98.

„Da hörst du's nun! spricht zu Titania
Der Elfenfürst: was er mit Augen sah
Schwemmt eine Thräne weg! Dein Werk ist's;
     triumfiere!
Doch hör' auch nun den heiligsten der Schwüre!
Ich glaubte mich geliebt, und fand mein Glück
     darin.
Es war ein Traum — Dank dir, dafs ich entzau-
     bert bin!
Hoff' nicht ein Thränchen werd' auch mich umne-
     beln können,
Von nun an müssen wir uns trennen!

'99.

Nie werden wir, in Wasser noch in Luft,
Noch wo im Blütenhain die Zweige Balsam
                    regnen,
Noch wo der hagre Greif in ewig finstrer Gruft
Bey Zauberschätzen wacht, einander mehr begegnen.
Mich drückt die Luft in der du athmest! Fleuch!
Und wehe dem verräthrischen Geschlechte
Von dem du bist, und weh dem feigen Liebes-
                    knechte
Der eure Ketten schleppt! ich hass' euch alle
                    gleich!

100.

Und wo ein Mann in eines Weibes Stricken,
Als wie ein taumelnder lusttrunkner Auerhahn,
Sich fangen läfst, und liegt und girrt sie an,
Und saugt das falsche Gift aus ihren üpp'gen
                    Blicken;
Wähnt, Liebe sey's was ihr im Schlangenbusen
                    flammt,
Und horcht bethört der lächelnden Sirene,

Traut ihren Schwüren, glaubt der hinterlist'gen
Thräne,
Der sey zu jeder Noth, zu jeder Qual verdammt!

101.

Und bey dem furchtbarn Nahmen sey's ge-
schworen
Der Geistern selbst unnennbar bleiben muſs,
Nichts wende diesen Fluch und meinen festen
Schluſs;
Bis ein getreues Paar, vom Schicksal selbst
erkohren,
Durch keusche Lieb' in Eins zusammen
fliefst,
Und, probefest in Leiden wie in Freuden,
Die Herzen ungetrennt, auch wenn die Leiber
scheiden,
Der Ungetreuen Schuld durch seine
Unschuld büfst.

102.

Und wenn dieſs edle Paar schuldloser reiner
Seelen
Um Liebe alles gab, und unter jedem Hieb

Des strengesten Geschicks, auch wenn bis an die
Kehlen
Das Wasser steigt, getreu der ersten Liebe
blieb;
Entschlossen, eh den Tod in Flammen
zu erwählen,
Als ungetreu zu seyn selbst einen Thron
zu Lieb':
Titania, ist diefs, ist alles diefs geschehen,
Dann werden wir uns wiedersehen!

105.

So sprach der Geist und schwand aus ihrem
Blick.
Vergebens lockte sie mit liebevoller Stimme,
Nachtliebend, ihn in ihren Arm zurück!
Nichts kann des raschen Worts, das er in seinem
Grimme
Gesprochen, hätt' er gleich es selber nun beweint,
Nichts kann ihn seines Schwurs entbinden,
Bevor, nach dem Beding, der ganz unmöglich
scheint,
Zwey Liebende, wie er's verlangt, sich finden.

104.

Seit dieser Zeit hat bis zu unsern Tagen
Sich Oberon in eigener Gestalt
Nie mehr gezeigt, und (wie die Leute sagen)
Bald einen Berg, bald einen dicken Wald
Bald ein verlafsnes Thal zu seinem Aufenthalt
Gewählt, wo Liebende zu stören und zu plagen
All sein Vergnügen ist: und dafs er nur für euch
Das Gegentheil gethan, ist einem Wunder gleich,

105.

Hier endigte der Alte mit Erzählen;
Und Huon nimmt Amanden bey der Hand:
Wenn, spricht er, nur ein Paar getreu verliebter
Seelen
Zu Oberons und Titaniens Ruhe fehlen,
So schwebt des Schicksals Werk an der Vollendung
Rand.
War er's nicht selbst, der uns so wunderbar ver-
band?
Er, sonst der Liebe Feind, hat uns in Schutz
genommen:
Die Proben — O die lafst je eh'r je lieber
kommen!

106.

Amande legt an Antworts - Statt
Des Jünglings Hand ans Herz mit seelenvollen
Blicken.
Ihr, die so viel für ihn gethan, gegeben hat,
Was blieb ihr noch mit Worten auszudrücken?
Und eine Scene von Entzücken
Erfolgt daraus, wobey der gute Scherasmin
Des schönen Mährchens Frucht, trotz allem seinem
Nicken,
Auf einmahl zu verlieren schien.

107.

Zwar noch verbarg der Unschuld keuscher
Schleier
Den Liebenden die wachsende Gefahr,
Und ihre Zärtlichkeit ergofs sich desto freyer,
Je reiner ihre Quelle war.
Nie war ein junges Paar in Liebessachen neuer;
Doch eben darum hing ihr Loos an einem Haar,
Ihr ganzes Glück auf ewig zu zerstören,
Braucht's einen Augenblick, worin sie sich verlören!

———————

Varianten.

Stanze 2. v. 6.

Die Unermeſslichkeit scheint vor ihm aufgethan;

St. 7. v. 3.

Daſs des Kalifen Zähn' und Zwickelbart,

St. 8. v. 1.

(a) Eilt nun, fuhr Ob'ron fort, u. s. w.

St. 9. v. 2.

So lange bis dein Öhm, der fromme Papst Syl-
vester,

St. 10. v. 2.

(a) In seinem Aug', drauf heifst er sie ihm nahen,

St. 12. v. 2.

(a) Zur Reise schon versehn und eingerichtet

St. 15. v. 1.

(a) Denn Dem hüpft hoch das Herz, u. s. w.

St. 18. v. 6. 7.

(a) In seinem Blick; sein Aug' ward immer ern-
　　　　　　　　　　ster, immer
Bewölkter; Thränen schwammen drin,.

St. 22. v. 4.

Das schwere Abenteu'r der Tugend u. s. w.

St. 24. v. 5.

(a) Er war an Glauben stark, doch an Erkennt-
　　　　　　　　　　nifs schwach,

St. 31. v. 3.

(a) Gab eine Welt um Liebe hin,

Mit der 35sten Stanze endigt sich in der
ersten Ausgabe der sechste Gesang.

St. 34. v. 4.

(*a*) Juwelen, allem was er ihr

St. 62. v. 2.

(*a*) Wo laue Lüftchen stets die Zweige lispelnd
biegen,

St. 67. v. 3.

— — — der liebe Birnbaum prangt)

v. 6.

Viel schönes ihr und zärtlichs vorgesagt,

St. 70. v. 2.

So wäre einem Mann u. s. w.

St. 79. v. 6. 7.

(*a*) Es ist nur ein Gelust, u. s. w.
Was tagst du, ein Gelust? u. s. w.

St. 102.   v. 7.

(*a*) Titania, wenn alles diefs geschehen,

St. 106.   v. 1.

(*a*) Die Schöne legt, an Antworts Statt.

ENDE DES XXII. BANDES.